Domingo é dia de festa

Dados Internacionais de Catalogação na Publicação (CIP)
Câmara Brasileira do Livro, SP, Brasil)

Tonin, Neylor J.
Domingo é dia de festa : Bíblia e espiritualidade / Neylor J. Tonin. – Petrópolis, RJ : Vozes, 2014.

ISBN 978-85-326-4893-8

1. Bíblia - Crítica e interpretação 2. Domingo - Ensino bíblico 3. Espiritualidade I. Título.

14-09594 CDD-263.3

Índices para catálogo sistemático:
1. Domingo : Ensino bíblico : Cristianismo 263.3

FREI NEYLOR J. TONIN

Domingo é dia de festa

Bíblia e espiritualidade

EDITORA
VOZES

Petrópolis

Rua Frei Luís, 100
25689-900 Petrópolis, RJ
www.vozes.com.br
Brasil

Diretor editorial
Frei Antônio Moser

Editores
Aline dos Santos Carneiro
José Maria da Silva
Lídio Peretti
Marilac Loraine Oleniki

Secretário executivo
João Batista Kreuch

Editoração: Maria da Conceição B. de Sousa
Diagramação: Sheilandre Desenv. Gráfico
Capa: WM design
Ilustração de capa: ©farangio | freeimages.com

ISBN 978-85-326-4893-8

Editado conforme o novo acordo ortográfico.

Este livro foi composto e impresso pela Editora Vozes Ltda.

Para os amigos, para que me abençoem.
Para os inimigos, para que me perdoem.
Para os pobres, doentes e pecadores,
para que me aceitem como um deles.

Assim diz o Senhor: "Prestai-me ouvidos e vinde a mim, escutai-me e vivereis! [...] Assim como a chuva e a neve descem do céu e para lá não voltam mais, mas vêm irrigar e fecundar a terra e fazê-la germinar e dar semente para o plantio e pão para comer, assim a palavra que sair de minha boca: não voltará para mim vazia; antes, realizará a minha vontade, e produzirá os efeitos que pretendi ao enviá-la" (Is 55,3.10-11).

Sumário

Introdução

Parodiando Geraldo Vandré ("Para não dizer que não falei das flores"), faço-me ao largo, nessa aventura espiritual e literária, com a ressalva: "Para não dizer que não falei da Bíblia". Confesso e admito que nós, os católicos, poderíamos ser um pouco mais diligentes na leitura e na oração do Livro Sagrado. Já temos, é verdade, setembro como o "Mês da Bíblia", damos destaque, solenemente, aos domingos, para a entrada da Bíblia em nossas celebrações litúrgicas, ela já está presente em quase todas as nossas casas, mas, tudo somado, pode parecer ainda pouco e insuficiente. Acredito que não é por incúria nem por menosprezo que não a lemos o quanto seria desejável. Na verdade, e isso poderia servir de desculpas, a Bíblia é, muitas vezes, um livro de difícil leitura.

Aliás, na Bíblia não deveríamos buscar argumentos para acusar e condenar os outros e para nos autojustificar, mas inspiração para sermos melhores e vivermos suas verdades, sendo mais iluminados. Acredito que a leitura da Bíblia deveria servir, antes de qualquer outro motivo, como escola de encantamento e fonte de alegria.

Há coisa mais desejável do que viver fascinado por Deus e encantado pelo fato de sermos irmãos de todo mundo?

Faço um registro: Perguntei, um dia, a um taxista evangélico incandescido, que me fazia a apologia da leitura necessária e diária da Bíblia para a salvação eterna, e que garantia que, mesmo sem estudá-la, a entendia por obra e graça do Espírito de Deus, como é que se virava quando topava com alguma passagem obscura. Ele me revelou que, nestes casos, recorria ao pastor. E quando o pastor também não entendia, acrescentou de pronto, ele recorria a outros Pastores mais estudados. Pois bem, querido taxista, nós, católicos, temos uma tradição de quase 2 mil anos de estudos da Palavra de Deus e ainda temos dúvidas, ainda encontramos muitas passagens obscuras sobre as quais até os melhores e atilados especialistas ainda não chegaram a uma concordância unânime.

Dou um exemplo. Nos Atos dos Apóstolos diz-se que o Protomártir Estêvão, ao ser apedrejado, olhou para o céu e viu a glória de Deus e Jesus "de pé" à direita do trono de Deus (7,55-56). Por que "de pé", se Jesus, na oração do Credo, na iconografia religiosa e em outros passos, sempre está "sentado" à direita de Deus? Li um livro inteiro sobre este "de pé", onde havia, ao menos, 10 teorias e explicações razoáveis e todas plausíveis, e o autor do livro acrescentava mais uma. Qual delas seria a mais certa ou definitiva? Sobre muitas passagens bíblicas temos muitas explicações honestas, mas sempre nos sobram algumas incertezas cruciais.

Dito isto, no entanto, nada nos exime da obrigação de ler e rezar a Palavra de Deus. Nesta Introdução, adianto algumas poucas informações, que espero ser interessantes, para os que se derem ao trabalho de querer conhecer melhor a história e a alma da Bíblia, livro sagrado para católicos e protestantes, e parte dela para os judeus, e o mais difundido entre todos os livros já publicados. É um livro para a salvação da humanidade e de sabedoria para os caminhos e as buscas humanas. Para o salmista, a Palavra de Deus é "lâmpada para os passos, luz para os caminhos e, para os lábios, é mais doce do que o mel" (Sl 119,103.105).

Bíblia: dados, história e mensagem

A. Algumas curiosidades

- A palavra Bíblia é um plural da palavra grega "**biblion**", que quer dizer **livro.** Bíblia, em tradução literal, seria **livros.**
- A Bíblia **católica** tem **73** livros; a **protestante, 66** (menos os deuterocanônicos, que surgiram em ambientes judeu-helenísticos, fora da Palestina); a **judaica** tem **24,** que incluem a **Torá** (Lei), os **proféticos** (Nebiîm) e os **escritos** (Ketubîm); a Bíblia protestante tem menos livros que a católica porque Lutero, ao se separar da Igreja Católica, por volta de 1525 d.C., adotou parte do cânon judaico.
- O AT tem quatro tipos de livros: o **Pentateuco,** os **históricos,** os **sapienciais** e os **proféticos.**
- O NT tem os **4 evangelhos,** os **Atos dos Apóstolos,** as **cartas** de Paulo (13), as **cartas católicas** de Pedro (2), as de João (3), a de Tiago (1), a de Judas (1), a **Carta aos Hebreus** e o **Apocalipse.**

- A Bíblia só foi dividida em capítulos na Idade Média.
- Os **versículos** só apareceram nos albores da Idade Moderna.
- A língua original do AT foi o **hebraico** (poucas passagens foram escritas em aramaico).
- Todo o NT foi escrito em **grego** (mais o Livro da Sabedoria, do AT).
- No mundo, há atualmente mais de **2.320 traduções** da Bíblia, nos mais estranhos dialetos e desconhecidas línguas.
- Algumas traduções da Bíblia privilegiam **certos aspectos**, como o pastoral, o ecumênico, o popular, o catequético-litúrgico e o acadêmico-científico.

B. Experiência religiosa

- A Bíblia tem **dois autores**: o hagiógrafo humano e o divino, o Espírito Santo de Deus; fala-se, por isto, em **inspiração**. A Bíblia é um livro revelado, é um livro inspirado.
- E por ter também a Deus como autor, fala-se da **inerrância** do texto sagrado (não contém erros), em sua mensagem de salvação. A Bíblia está isenta de erros teológicos, mas ela não tem a pretensão de ser um livro que responde a questões arqueológicas, científicas ou antropológicas fundamentais.

• A fonte básica da criação da Bíblia, como livro, é a **vida**, a graça de Deus, a vida que exulta e reza, quando está bem, ou que geme e pede a intervenção do seu Criador, quando se sente mal e injustiçada.

• A Bíblia narra a **experiência religiosa** de um povo. Deus é lembrado e invocado nos momentos mais significativos da vida do povo fiel.

• O exegeta Frei Isidoro Mazzarolo acha mais correto chamar o povo eleito de **povo fiel**.

• No AT, há **dois grandes momentos**: por primeiro, a partida de Abraão de Ur da Caldeia para a boca do deserto (Bersabeia), onde ele compra (cava) um poço e se abriga debaixo de um carvalho, e onde Deus lhe aparece e promete-lhe um filho; por segundo, é o da libertação da escravidão do Egito, que passou a chamar-se Páscoa, passagem.

• No NT, **o grande acontecimento** é o próprio Jesus: nascimento, pregação, morte e ressurreição.

• A Bíblia **narra uma história** de pobreza (da criatura) e de salvação (por parte do Criador), de esperança e atendimento, de fidelidade e pecado, por parte do povo, e de poder, misericórdia e perdão, por parte de Deus.

• Tanto as comunidades judaicas quanto as cristãs perpetuaram e se lembraram desta história, anunciando-a como Aliança entre Deus e a humanidade.

• Hoje, a Bíblia é patrimônio da humanidade, pois encerra o eterno sonho e o permanente medo do homem de perder-se e seu eterno desejo de ser **partner** de uma história que tenha a Deus como protagonista. Quando é invocado: *"Senhor, ajudai-nos!"*, Ele responde: *"Não tenhais medo!*.

C. Conhecer e viver

• Como experiência religiosa e particular de um povo, a Bíblia foi escrita **em outros tempos** e **em outras circunstâncias**, mas esta experiência serviu para Deus comunicar **a todos os povos de todos os tempos** sua mensagem de salvação; a Bíblia, por isto, é um livro que tem, como destinatárias, **todas as pessoas**, embora só possa ser acolhida, em sua verdade transcendente, por quem tem **fé**.

• Na leitura da Bíblia valem os dois princípios básicos: **aplicar-se ao texto** *("Applica te ad textum!)*, isto é, leia-o diuturnamente, estuda-o e procura entendê-lo assim como foi escrito e com a mensagem que oferece; e **aplicar o texto a ti** *("Aplica textum ad te!")*, ou seja, traze-o para dentro da própria vida pessoal, procurando vivenciá-lo em sua verdade de salvação.

• Neste sentido, o texto bíblico não tem **uma data histórica**, a de quando foi escrito, mas adquire **a im-**

portância de cada história ao ser aplicado à vida dos leitores.

- Ele se transforma mais diretamente em **Palavra de Deus**, sem diminuir a origem humana do hagiógrafo (escritor sagrado).
- Já não é mais e só **um escritor santo** que se faz sensível aos planos de Deus, mas **o próprio leitor** se torna ouvinte e interlocutor do principal autor da Bíblia, que é Deus.
- No Livro do Êxodo, está escrito que "*Javé falava frente a frente com Moisés, como alguém que fala com seu amigo*" (Ex 33,11); na nossa vida, Ele continua na nossa **frente**, a falar-nos **como amigo**.
- O Sl 19 afirma que "**a Lei do Senhor** é perfeita e consolo para a alma" (v. 8); o mesmo vale para os que, hoje, a seguem e vivem fiéis a ela.
- No Sl 119, o fiel promete: "**Meditarei em teus preceitos** e contemplarei tuas veredas" (v. 15); "Observarei os teus decretos...; o que me cabe, Senhor, é observar a tua palavra" (v. 8.57); é esta a decisão que somos chamados a tomar hoje.
- A Palavra do Senhor **tem força** de vida e morte, de salvação e condenação, sendo graça ou perdição, ao mesmo tempo.
- Não basta apenas escutá-la ou, mesmo, entendê-la; é preciso vivê-la **ao preço da própria vida**, porque

Deus também não se contenta apenas em escutar e entender suas criaturas: **quer amá-las** e por elas dar sua vida; o mesmo pede em relação a si mesmo: **quer ser amado** ao preço da vida e não apenas de cabeça e compreensão, ou de leitura e passatempo.

- A Palavra de Deus é tão definitiva que ela é **a rocha** sobre a qual o homem prudente constrói **sua casa**; qualquer outra base é falsa e destinada à derrocada (Mt 7,24).

D. O principal autor da Bíblia

- Deus é um bom **autor** e é a **fonte** inspiradora para todas as vidas, tendo colocado, em nós, o seu Espírito.
- Ele já escreveu **muito**, escreve **todos os dias** e continua a escrever **sempre** com graça.
- Escreve e pronuncia suas palavras **divinas** de valor perene e comprometido.
- Você é uma destas palavras divinas.
- É importante saber lê-lo, **para além da Bíblia**, e escutá-lo **para além da casca rugosa** dos acontecimentos.
- Ele criou o **universo** ao comando de sua voz (Façam-se a luz, o sol, as estrelas e a terra firme, os pássaros do céu e as águas dos oceanos! (cf. Gn 1,3ss.), e o **homem**, à sua imagem e semelhança, cheio de seu Espírito Santo, ao contato de seus lábios (cf. Gn 1,27).

+ Com as surpresas de seu coração indevassável, fez nascer **Jesus**, revelando sua mais linda palavra, o seu Verbo eterno.

+ JESUS não é apenas a Palavra viva de Deus, como é também **a mais bonita história de amor** que a humanidade e Deus já escreveram juntos.

+ Mas junto com a pessoa humana, com homens e mulheres, Ele continua escrevendo **mil histórias lindas de amor**.

+ Ele, assim, é **autor e coautor** de todas as histórias.

+ Onde o bem vence o mal, o amor ao ódio, a paz à guerra, o perdão ao rancor, a ternura à vingança, a vida **continua acrescentando** mais uma palavra à Bíblia e **honrando** seu principal autor.

+ Onde acontece o contrário, estabelecem-se a algaravia e o arremedo e as pessoas passam a não se entender e a não entender a palavra de salvação de Deus; a vida se torna assim uma Torre de Babel.

+ Aí, aparece o diabo, as trevas, a tristeza, a desgraça e os bancos de areia sobre os quais periclitam todas as construções humanas.

E. Conclusão

+ A **primeira** Palavra de Deus foi Jesus (cf. Cl 1,15-18). Jesus foi a **revelação mais eloquente** das entranhas misericordiosas de Deus. Jesus é a **certeza** de que o plano de salvação de Deus está ao alcance dos que o aceitam como fundador e salvador de suas vidas.

- A **última** Palavra de Deus será: "Vinde, benditos, e tomai posse do Reino dos Céus que preparei, desde todo o sempre, para os que escutam minha voz e seguem meus caminhos. Quem escuta a voz de Deus não andará em trevas, mas conhecerá a salvação e viverá para sempre" (cf. 25,35ss.).
- "**Não temais!**" Diante das dificuldades e medos que a vida cria, que soe mais esta palavra do grande amigo da vida, que é Deus (cf. Sb 11,26). **Não temais!** Esta e todas as palavras de Deus são **imortais** e **verdadeiras**. E por serem verdadeiras, cumprir-se-ão **de verdade**. Passará o céu e a terra, mas sua palavra não passará.

Prefácio

Como ideia inicial, este livro se chamaria "Domingo é dia de sermão". Tinha cogitado fazer umas poucas e curtas reflexões sobre a Palavra de Deus que é proclamada para os fiéis aos domingos, nas igrejas. Por experiência própria, devo admitir que os sermões dos padres e pastores podem ser bons alimentos espirituais; alguns, no entanto, têm pouco conteúdo teológico e outros se tornam cansativos, excedendo um tempo razoável, e nem sempre conseguem apresentar, em palavras convincentes, a importância e o encantamento da fé cristã. Lembro aqui de um comentário bem-humorado do Papa Francisco sobre o tempo dos sermões e homilias. Até 10 minutos, dizia ele, Deus e seus anjos ficam na igreja. Depois dos 15, Deus e os anjos vão embora. Se passar dos 20, só fica o diabo, na raiva dos fiéis. Por conselho da publicitária, Dra. Roberta Venâncio, jovem mulher de inegável sentimento religioso, acabei trocando "sermão" por "festa". Assim, o título deste livro ficou: *Domingo é dia de festa*.

Domingo é dia de descanso, de entretenimento e de festa. Harvey Cox (* 1929), pastor batista norte-americano, autor do célebre livro *Um rumor de anjos*, escreveu que "o homem é, por sua própria natureza, um ser festivo: não só trabalha e pensa, como canta, dança, reza, conta histórias e celebra festas".

Domingo é dia de festa. É dia de festa para ir a um estádio ou à praia; é dia de festa para as famílias se reunirem em torno de uma mesa com uma comidinha especial ou para um churrasco com os amigos, festa para uma visita a pessoas e parentes que a azáfama do dia a dia e do trabalho semanal mantêm a distância; festa para ir à missa ou a um culto religioso nas igrejas. Neste dia, no domingo, afrouxa-se o nó da gravata, bota-se uma bermuda e um chinelo de dedo e o rosto das pessoas perde um pouco da rigidez das responsabilidades inadiáveis e dos compromissos semanais urgentes.

Domingo é dia de festa. Quando criança, lembro-me, domingo era para ir à missa. Vestíamos o que tínhamos de melhor, uma "roupa domingueira". Uma blusa que podia ser surrada, mas era festiva, com um elástico na altura da cintura, que a tornava, como era conhecida, uma "jardineira", e lá íamos como se fôssemos para um desfile de moda, todos catitas, como se dizia. A recomendação dos pais era para que nos apresentássemos como "*gente polita*", isto é, gente limpa, bem-comportada e bem-vestida.

Os homens, de chapéu, as mulheres, de véu na cabeça, preto para as casadas e branco para as não, e saias rodadas ou plissadas. Ninguém perdia o aprumo ou saía da linha, dentro ou fora da igreja. E os padres, de olho em todo mundo, crianças na frente, mulheres à direita do altar, homens à esquerda. E eles falando, falando muito, moralizando bastante e a missa se alongando por uma boa hora. Mas ninguém reclamava. Só alguns homens saíam da igreja, na hora do sermão, para fumar um cigarrinho.

Nossos pais nos lembravam que íamos à Casa de Deus e diante dele devíamos nos apresentar com os melhores trajes dos nossos pobres guarda-roupas. Mas, para nós, as crianças, o importante era desfilar com garbo e alguma beleza, mostrando-nos para os primos e priminhas como "gente polita", diferente e bem-vestida. Depois da missa, tirávamos a roupa domingueira e voltávamos às costumeiras da semana.

Domingo era dia de festa, um acontecimento religioso e social, que deixou muitas saudades. Hoje, o domingo talvez não seja tanto uma festa, mas é, sem dúvida, um dia de repouso e descontração. Na pobreza do passado éramos menos estressados, se bem que bastante cobrados. Atualmente, o domingo continua a ser um dia de festa. Festa religiosa, familiar, festa de descanso e de diversão. Para este livro, o domingo será também dia de sermão. Sermão curto, de poucos minutos, para que ninguém se sinta tentado a deixar o livro de lado e sair para fumar um cigarrinho.

Nestas reflexões espirituais, inspirei-me sempre num texto bíblico, mas o livro não será, essencialmente, de explicações exegéticas e muito menos de rebuscadas análises teológicas. Domingo não é dia de aula, mas de "roupa domingueira", de "jardineira" e de festa. Procurei não cansar os leitores. Pessoalmente, como padre, gosto muito do domingo e, como descendente de italianos, gosto muito de festa, mas gosto, principalmente, de gente que gosta de festas. É para vocês que escrevi e é para a festa que os convido.

1
Domingo é dia do Senhor

O Senhor manda fazer o seguinte: Durante seis dias trabalhareis, mas o sétimo será para vós santo, um sábado, dia de descanso consagrado ao Senhor (Ex 35,1-2; 16,23).

Ninguém pode servir a dois senhores. Pois ou odiará um e amará o outro, ou será fiel a um e abandonará o outro. Não podeis servir a Deus e às riquezas (Mt 6,24).

Domingo é o "dia do Senhor". Trabalhamos ontem, anteontem e todos os dias da semana. Domingo é um dia de repouso para o corpo, de convivência com a família e de louvor e adoração a Deus. "Quem neste dia fizer qualquer trabalho será punido de morte" (Ex 35,2). Nossos velhos pais sabiam disso. Nos domingos não se rachava lenha, não se lavava roupa nem se cultivava a horta. Domingo era um dia sagrado, era o dia do Senhor.

O homem gasta a melhor parte de sua vida trabalhando, mas não foi feito só para o trabalho. Trabalha para viver melhor, mas não vive só para trabalhar, adulterando até o domingo que é um dia sagrado de festa. Quem vive e trabalha vive para viver. Tanto quanto cuidar do pão para a mesa, é importante cuidar do espírito nas relações com Deus, Pai e Criador, e com as outras pessoas da família ou da amizade.

Tive um tio que dizia que a coisa mais importante na vida era trabalhar. Ele, sem dúvida, exagerava, até pelo fato de ensinar em suas fábricas: "Antes do trabalho, o trabalhador". Assim como o homem nasce, vive, ama, sofre e morre, assim ele também trabalha. Ninguém pode passar pela vida como zangão. Trabalhar é atividade incontornável da existência humana. Não dá para viver sem trabalhar, sem produzir um pão ou cultivar um jardim, como não se pode viver só para o trabalho.

Esta afirmação está colocada, com todas as letras, no albor da criação humana. "Com fadiga tirarás da terra o alimento durante toda a vida. Comerás o pão com o suor de teu rosto, até voltares à terra, donde foste tirado" (Gn 3,17-18). Mas não se pode esquecer que há outra atividade humana tão ou mais importante: gerar um filho, que, aliás, acontece em trabalho de parto. Isso também está na primeira página da Bíblia.

Mas, nos domingos, as pessoas têm um encontro com Deus. Deus está a sua espera. Ele quer ver seus filhos num ato religioso de reconhecimento de sua majestade e de gratidão. A missa (para os católicos) e o culto (para os protestantes e evangélicos) são momentos de encontro com Deus e alimentadores da fé.

Sim! Deus está à nossa espera. É imperioso encontrar-se com Ele para escutar sua palavra, pedir perdão e comungar e alimentar-se de seu Corpo. Aos domingos, se não estamos doentes ou com algum grave impedimento, é importante ir a uma igreja e celebrar com a comunidade as razões de nossa fé. É possível crer sozinho, no recôndito do quarto ou diante da televisão, mas isto não é suficiente para o espírito da festa que o domingo tem. A chama da fé se acende e fortalece, mais intensamente e melhormente, ao contato com a chama da fé dos irmãos, como nós, igualmente, filhos de Deus.

Honremos a Deus neste "dia do Senhor"! Rezemos e cantemos, num só coro, as glórias de nosso Deus! Ofereçamos a Ele o nosso louvor e a nossa vida! Peçamos sua bênção e proteção.

Amanhã, voltaremos ao trabalho. Hoje, domingo, é dia de confessar-lhe o nosso amor, exaltar seu santo Nome e dobrar os joelhos diante de sua majestade. É dia de fazer e participar da festa com Deus e com os irmãos, pois o dia é dele. É o dia do Senhor.

2
Jesus Cristo

Para mim, a vida é Cristo (Fl 1,21).

Já não sou eu que vivo, é Cristo que vive em mim (Gl 2,20).

Há um fulcro na espiritualidade cristã que é único, fundamental e último critério para sua autenticidade: nosso relacionamento com a pessoa de Jesus Cristo. Cristo é o Evangelho, a Boa Notícia de Deus e a Estrela-guia a seguir. Fora dele, adentra-se em múltiplos desvios, dão-se passos fora do caminho, perdendo-se o esplendor da verdade e o caráter veraz de nossa confissão religiosa. Qualquer palavra ou comportamento que não tenha a Ele como móvel e nossa razão de ser não pode ser chamado de cristão.

Deve Cristo, por isso, ser buscado e acolhido como uma questão de vida e morte, pois sem Ele vacilaria nosso mundo espiritual e perderíamos nossa identidade religiosa. Ele é, como definiam os grandes pais ou mestres do cristianismo primitivo, o nosso *typicon*, ou seja, a norma e a forma do nosso viver. Ele é a respiração da nossa alma. Não dá para respirar espiritualmente sem dizer Jesus Cristo com o coração e com a vida.

Em outras palavras, mais nos tornamos, religiosamente, nós mesmos na medida em que mais nos rendemos à realidade e ao mistério de Cristo. Não se pode, consequentemente, relegar à esfera do opcional segui-lo ou não, nem abraçar seu caminho com um cômodo "mais ou menos". A opção por Cristo envolve todo o ser e não deixa espaço para outros deuses.

Somos impelidos, segundo São Paulo, a uma total identificação com Ele, a ponto de alimentar em nós "os seus sentimentos" (Fl 2,5) e por Ele aceitar a crucificação da própria carne (Gl 5,24). Ora, esta morte do velho Adão se faz tão radical que, quando já não satisfazemos "suas concupiscências" (cf. Gl 5,16), encontramo-nos mergulhados no ideal da mística paulina que tem em Fl 1,21 sua mais lapidar expressão: "Para mim a vida é Cristo". Ou, em Gl 2,20, numa outra formulação forte e mais trabalhada: "Eu vivo, mas já não eu, é Cristo que vive em mim".

Infelizmente, poderemos estar ainda longe desta realidade que se fez confissão real de fé e resposta dolorosa de escolha na vida dos mártires e dos grandes santos cristãos. Tomemos apenas o exemplo de Santo Inácio de Antioquia († 107). Não dá para ler suas cartas, sem deixar-nos entusiasmar pela grandeza de sua vida que terminou com o "amém" do martírio. "Deixai-me, suplicava ele, ser comida das feras. Acariciai as feras para que se tornem meu túmulo. Então, de fato, serei discípulo de Jesus Cristo."

A *sequela Christi*, ou seja, o seguimento de Cristo, tornava-se, para ele, a forma extrema do sacramento salvador do amor crucificado. Santo Inácio desejava ser "imitador de Deus pelo sofrimento, porque seu amor "se encontrava crucificado". O raciocínio dele e dos grandes santos é tão límpido quão verdadeiro. Daí a fórmula clássica da identidade cristã, segundo a qual, enquanto seria próprio dos pagãos gozar a vida, seria própria dos cristãos sofrer.

Mas sofrer não pelo vazio doentio de artificialismos inócuos, mas sofrer por amor e para imitar alguém, a Cristo. Não sofrer pelo prazer do sofrimento, mas como processo de identificação com alguém que era a razão de um fascínio e da própria imitação. Assim ficou cunhada, por Tertuliano (160-220), a convicção deste desejo e identificação: *Christus in martyre est!* Cristo está no mártir.

Reafirmemos uma vez mais: O coração da espiritualidade cristã é Jesus, o filho de Maria, o Cristo ressuscitado pela mão todo-poderosa de Deus. Sem um laço profundo e absoluto de união com Ele, a vida cristã carece de plenitude e se esvai, possivelmente, sem grande credibilidade. Na visão cristã do mundo, tudo é bom, como obra de Deus, mas tudo ocupa um espaço relativo e periférico, até mesmo a vida que os mártires entregavam, cantando, às feras. Só Cristo e sua cruz ocupam o centro e só há um caminho para chegar a Deus, o caminho de Jesus que é a verdade de nossas consagrações e a vida das nossas vidas.

3
O seguimento de Cristo

> *Se alguém quiser vir após mim, renuncie a si mesmo, tome a sua cruz e me siga. Pois quem quiser salvar a sua vida, vai perdê-la; mas quem perder a sua vida por amor de mim e pela causa do Evangelho, há de salvá-la (Mc 8,34-35).*

Já não foi fácil para os discípulos encontrar seu lugar debaixo da cruz de Jesus. Todos fugiram ou não estiveram presentes ao trágico e escandaloso drama do calvário, exceto o Evangelista João, que permaneceu junto a Nossa Senhora, e algumas corajosas mulheres.

É forçoso dizer que, inclusive hoje, boa parte dos cristãos está disposta a aplaudir o Jesus dos milagres, a acompanhá-lo ao deserto para rezar e fazer retiros e a admirá-lo em seus gestos perpassados de humanidade. Quantos, no entanto, olham para o Jesus da cruz, aceitando-o, sem escandalizar-se, ou até sem envergonhar-se de seu tamanho fracasso? Quantos serão capazes de confessar, como o oficial romano, diante de seu corpo morto e silenciado: "Verdadeiramente, este homem era Filho de Deus"? (Mc 15,39).

O mistério de Jesus tem seu clímax em sua morte e ressurreição. Ninguém poderia imaginar que o amor de Deus redimiria o mundo através do sofrimento e morte de seu Filho. No AT, Deus usa todos os expedientes do amor cuidadoso e que sempre perdoa para salvar o povo, sendo que o último é o da terapia da dor e do exílio. No NT, quem sofre é o próprio Deus, que se faz "homem das dores". Desde então, nossa religião passa a ter a marca do amor crucificado.

Este caminho foi tão inconcebível que os judeus o consideraram "loucura", os gregos, "idiotice", e os romanos, razão para a "zombaria" (cf. 1Cor 1,22-24). Mas é ali, naquele supremo gesto do amor louco, que Deus revelou sua força e sabedoria.

Cristo só passa a ser entendido à luz de sua morte e ressurreição. São Paulo confessa que não quer gloriar-se "senão na cruz de nosso Senhor Jesus Cristo" (Gl 6,14), porque nela foi escrita, com letras de sangue, a confissão do amor de Deus pelos homens. Não há na vida de Cristo nada mais eloquente do que sua morte. E não há nada de mais luminoso do que sua ressurreição.

Embora sua cruz esteja no alto da torre de nossas igrejas e sobre o altar de nossas celebrações eucarísticas, Ele terminou sua vida como o último dos mortais, como aquele que não tinha nem graça nem beleza para atrair nossos olhares. Diante dele, as pessoas cobriam o rosto, pois Ele era maldito (cf. Is 53,2ss.; Sl 22,7ss.).

Assim terminou o nosso Cristo. É difícil aceitá-lo destruído e acreditar nele assim, derrotado e sem a companhia de seus melhores amigos. No entanto, é preciso segui-lo em sua vida e em sua morte, mesmo quando nos sentimos malditos como Ele. Não se pode fugir de Jesus, do Jesus que é e será sempre, para nossa fé, a figura do "homem das dores", embora tenha vencido o abandono e o desespero da cruz, por obediência ao Pai, com um ato de fé.

A expressão "tomar a cruz e seguir Jesus" foi tão importante para a comunidade primitiva dos cristãos que vem repetida cinco vezes nos evangelhos (Lc 14,27; 9,23; Mt 10,38; 16,24; Mc 8,34). Para ser discípulo de Cristo ou para ser digno dele é preciso "tomar a cruz e segui-lo".

Tomar a cruz significa não fugir da própria vida, quando nos leva para a nossa Jerusalém, ou seja, significa não abandonar os caminhos de Deus na busca tentadora de uma felicidade ilusória. Significa permanecer fiel aos próprios caminhos, mesmo quando eles cobram uma porção diária de morte. Tomar a cruz significa definir-se formalmente por Cristo, fazendo dele o sinal de referência de nossa identidade espiritual. No AT, o sinal era, segundo Santo Agostinho, a circuncisão na carne oculta. No NT, o sinal é a cruz na desnuda fronte.

Mas não basta apenas tomar a cruz. A cruz, em si, não salva ninguém. Muitos condenados à morte também a carregaram e nela morreram, amaldiçoando a vida. Como castigo, era apenas um instrumento de suplício. É preciso, sim, abraçar Aquele que nela está pregado. Seguir a Cristo, por isso, será confessá-lo na força exclusiva dos advérbios: "Só Tu tens palavras de vida eterna" (Jo 6,68). É fazer dele o ar que respiramos, o chão que pisamos, o ato de fé que fazemos.

Cristo é a nossa verdade. Segui-lo implica fugir da mentira, romper com os farisaísmos, e aceitar, sem revolta ou desdouro, nossa condição humana e social. Seguir a Cristo é apostar tudo nele, numa cartada de vida e morte, mesmo quando nos encontramos perdidos nos vales da morte.

4
Ter o caráter de Jesus

De um só fez nascer todo o gênero humano, para povoar toda a face da terra. [...] É nele que vivemos, nos movemos e existimos (At 17,26.28).

A vida dos cristãos será tanto mais viva, sua cor será tanto mais intensa e sua paz estará tanto mais garantida, quanto mais ela se identificar com Cristo, ou quanto mais Ele for sua cor, sua paz, sua música e a vida de suas vidas. Cristo não pode ser amado mais ou menos. Jesus não pode ser seguido com passos prudentes e indecisos. Ele é, segundo a expressão da espiritualidade dos antigos mestres santos e pais teólogos da Igreja, o *typicon*, isto é, a marca, a forma, o ponto referencial permanente de nossas opções.

A partir desta escolha, definitiva e absoluta, ser cristão não é conhecer uma doutrina, sobraçar um livro, mesmo que seja a Bíblia ou os quatro evangelhos, mas seguir uma pessoa, a pessoa viva de Jesus, que é o "Evangelho Vivo de Deus", segundo o enciclopédico teólogo Orígenes (182-254).

A salvação dos cristãos já não repousará no cumprimento puro e simples de mandamentos, mas será fruto da graça divina que tem um nome: Jesus. Ele é a justificação dos que se salvam. Ele é a veste nupcial com a qual os eleitos entrarão para o banquete do Cordeiro.

São Paulo afirma que Jesus é "a realidade", "o mistério", pois só Ele é o vencedor da morte e vive para sempre, como primogênito dos vivos e dos mortos. Por isso, só podemos ser consistentes e subsistentes espiritualmente, quando enraizados nele. Toda a nossa vida será "com Cristo, por Cristo e em Cristo". Nele "somos, nos movemos e existimos".

Muitos fazem de Jesus um canto e pulam; outros, uma oração, e se ajoelham. Tudo isso é bom, mas é insuficiente. É preciso que Jesus seja nosso "caminho, verdade e vida". É nossa glória e nossa cruz. Esta cruz de Cristo tem que ser honrada. Quem tem o caráter de Cristo não pode ser "inimigo de sua cruz" (cf. Fl 3,18) nem covarde diante dela. Ser de Jesus dói e purifica nossos sentimentos. São Paulo pediu: "Tende em vós os sentimentos de Cristo" (Fl 2,5).

Um fiel seguidor de Cristo não entristece o Espírito de Deus, com o qual está marcado para o dia da libertação, mas vive sem dureza de coração, sem irritação, cólera, gritaria, malícias e fofocas, porque privilegia a bondade e é bondoso e compassivo para com todos, pronto para o perdão, como Deus a todos perdoou em Cristo (cf. Ef 4,30-32). Isso tudo não é conselho de padres ou brincadeira eclesial, mas dói, é cruz de santificação da vida e redenção divina.

Seguir Jesus é deixar-se marcar com o seu caráter. O cristão tem o caráter de Cristo. E este caráter é indelével e salvador, é de vida e morte.

5

O endereço é o presépio

No Primeiro Domingo do Advento começa o novo ano da Igreja. Começa com uma súplica enternecedora: "Quando virá, Senhor, o dia; quando virá o Salvador? Pondo-se termo à profecia que nos promete um Redentor!" Assim se cantava antigamente, era um canto dolente e de melodia piedosa. Atualmente, as palavras são diferentes, mas o sentido é o mesmo: "Ouve-se da terra um grito, do povo um grande clamor: Senhor, abre os céus, que as nuvens chovam o Salvador!"

O Advento é um tempo em que se mesclam dois sentimentos: o da esperança, que suplica, e o da impotência, que se ressente e se faz oração que sobe ao céu. Em sua pobreza, o homem nunca deixou de olhar para o céu e de suplicar por ajuda. Isso aconteceu na escravidão do Egito e isso acontece nas casas de todos os pobres, dos pobres de necessidades materiais, dos pobres de sofrimentos afetivos e espirituais, dos pobres moribundos na hora da morte. Uns e outros são pobres na esperança de um Salvador.

O Advento, para a espiritualidade, é um tempo bonito que não tem a tragédia da Semana Santa nem a rotina dos muitos domingos pós-Pentecostes. É um tempo de expectativa, como a da mulher que está gestando e sabe que seu filhinho, mais dia, menos dia, vai nascer, mesmo que entre as dores do parto.

No fim da caminhada, haverá um presépio e uma estrela brilhando sobre a estrebaria, enquanto os anjos estarão cantando nas campinas de Belém. O quadro é idílico, com certeza, mas esta é a tônica das esperanças humanas. Amanhã, nossas orações serão atendidas. Deus não falha. Ele sabe do que precisamos. E Ele virá, descerá sobre a terra, tendo ouvido o clamor de seu povo. Pode tardar, mas não falhará.

No Advento, teremos quatro semanas para apresentar a Deus nossas necessidades e alimentar nossas esperanças. No presépio, encontraremos um recém-nascido indefeso, mas divino. Em torno dele, haverá lugar para uma mãe virgem, um pai zeloso, bois e jumentinhos, reis magos, pastores e anjos. Haverá lugar, também, para nós. O presépio é o endereço de nossas esperanças.

6
Advento: nossos medos

Céus e terra, entoai cantos de júbilo e alegria, montes, explodi de alegria! Pois o Senhor consolou seu povo e se compadeceu de seus pobres (Is 49,13).

O homem, do fundo dos tempos, acordou para Deus quando experimentou seus medos e sua impotência diante dos fatores da natureza. Quando estouravam os raios e os trovões, o homem primitivo sentiu-se pequeno e, com medo, olhou para o céu e disse: "Meu Deus!" Este mesmo homem primitivo apelou também para Deus quando foi derrotado pela força dos exércitos e dos malvados. Numa palavra, Deus chegou ao homem pelo sofrimento e pela morte. E o homem chegou a Ele assustado, pelo medo. Mas não é preciso voltar aos inícios da humanidade para entender que assim foi. Também hoje os mais declarados ateus acabam se voltando para Deus em situações de perigo e de doenças graves e incuráveis.

A situação do povo eleito não era de paz. Sob o domínio romano, o povo dominado pagava impostos e odiava os invasores. E clamava por libertação. Ansiava por alguém, por um Messias, que viesse para libertá-lo. Surge, então, a figura altissonante, messiânica, de João Batista. Vinha do deserto, de onde muitas vezes viera a salvação para o povo de Israel. Sua figura devia ser impactante e apocalíptica. "Vestia-se com uma pele de camelo e comia gafanhotos e mel do campo" (Mt 3,4). E pregava como todos os líderes religiosos. E as multidões acorriam a ele, ansiosas por salvação. Apenas que a pregação de João não era exatamente o que os mais exaltados esperavam. Ao invés da libertação política, João pregava um batismo de conversão.

Isto poderia parecer pouco para os mais revoltados, que esperavam outro tipo de discurso, mas trazia consolo aos mais simples e ao povo fiel, em geral. Ele alongava a esperança de salvação do povo, dizendo: "Depois de mim virá alguém mais forte do que eu" (v. 11). E o povo se perguntava: Quem será? E porque confiava em João, também começou a acreditar naquele que, segundo João, ele não era nem digno de se abaixar para desatar-lhe as correias das sandálias. "Eu – afirmava João – vos batizei com água, mas Ele vos batizará no Espírito Santo e no fogo" (v. 11), isto é, com a força de Deus.

Como o povo fiel que escutava João, somos pobres e impotentes, temos medo e nos sentimos escravos dos nossos pecados e dos poderes deste mundo. Mas o Salvador há de vir. Virá da parte de Deus, para batizar-nos com o Espírito Santo. O Advento alimenta esta promessa e crê nesta esperança que não engana (Rm 5,5).

O ano inteiro é um tempo de advento para quem sente medo de viver e olha para o horizonte ou para o deserto à espera de um salvador. Esta expectativa é profundamente espiritual e religiosa. Não podemos desesperar! Os prepotentes serão vencidos um dia e o Messias, quando chegar, limpará a eira, ou a sociedade, dos males e da escravidão. Ele resgatará Israel, seu povo, de todo mal. Armará sua tenda numa praça pública, e fará justiça aos injustiçados. "Ele se apresentará como um pastor e apascentará seu rebanho; reunirá, com a força de seu braço, os cordeiros e os carregará ao colo" (Is 40,11).

O Advento, este tempo litúrgico da Igreja, é um tempo de esperança e conversão, de confiança em Deus e de doce expectativa na chegada do Messias Salvador. A comida será farta e voltará à mesa dos pobres, os doentes serão curados de suas enfermidades, e os tristes conhecerão novamente a alegria que tinham perdido pelas injustiças sofridas.

Pois é assim nossa oração durante o Advento: "Vinde, Senhor Jesus! Vinde libertar vosso povo. Curai nossas feridas, matai a nossa fome, reacendei a chama de nossas esperanças. Em Vós depositamos a sorte dos nossos destinos e só na força do Espírito Santo florescerão os nossos sonhos. O que nós esperamos, de acordo com vossas promessas, são novos céus e uma nova terra, onde habitará a vossa justiça".

É assim que São Pedro fala em sua carta. Quando Ele chegar, há de encontrar-nos puros e sem mancha (1Pd 1,4), em paz com o céu e com a terra, com Deus e com os irmãos.

7
R$ 1,00 para os pobres

Um anjo do Senhor apareceu a José em sonho e lhe disse: "José, filho de Davi, não tenhas medo de receber Maria, tua esposa", pois o que nela foi gerado vem do Espírito Santo. Ela dará à luz um filho, e tu lhe porás o nome de Jesus. É Ele que salvará o povo de seus pecados" (Mt 1,20-21).

Jesus vai nascer e é preciso esperá-lo atentos e vigilantes. Em Israel, mais precisamente em Nazaré, havia uma virgem, uma simples mulher, uma moça do povo, que não tinha uma vida extraordinária, se já não fosse extraordinária a maneira como vivia. Vivia para Deus, era de Deus e esperava, como muitos, por Deus!

E Deus, um dia, bateu à porta de sua casa. Quando esta jovem, de nome Maria, abriu a porta, espantou-se diante do que via e ficou muda e perturbada. Aí, o inusitado visitante a cumprimentou: "Alegra-te, cheia de graça, o Senhor é contigo, bendita és tu entre as mulheres" (Lc 1,28). Mais silêncio e temor de Maria que o anjo tentou dissipar. "Não tenhas medo, Maria, pois achaste graça diante de Deus! Ele te convida para seres a mãe de seu Filho"! (v. 30).

Por quatro mil anos, o céu tinha ficado surdo e mudo às súplicas dos bons e aos destemperos dos maus. Os justos esperavam e os poderosos davam de ombros e flanavam em seus malfeitos. Por isso, disse Jesus: "Ficai preparados, porque na hora em que menos pensardes o Filho do Homem virá" (cf. Mt 24,42). Isto é a mensagem do Advento para nós e para todos os tempos. O Filho do Homem virá! Felizes seremos nós se estivermos à sua espera!

Como preparar-nos para a vida de Jesus que acontecerá no Natal? Rezando mais, com certeza, e cuidando dos irmãos necessitados. Diz o Livro dos Provérbios: "Quem dá ao pobre não sofre penúria, mas quem lhe fecha os olhos terá muitas maldições" (28,27). E o Livro do Eclesiástico recomenda e ensina: "Filho, não prives o pobre do necessário à vida, nem deixes desfalecer os olhos do indigente. Não aflijas quem tem fome, nem exasperes quem esteja em dificuldade. [...] Não desvies o olhar do necessitado, nem lhe dês motivo para te maldizer" (4,1-2.5).

No Advento, gosto de propor algo muito simples e factível. A maior parte das pessoas pode dispor de R$ 1,00 por dia. Sugiro aos fiéis de nossas igrejas que separem, a cada dia do Advento, R$ 1,00 e o destinem aos pobres. Ao final de 4 semanas, terão ajuntado para os pobres a bela quantia de R$ 28,00 ou R$ 30,00. Não é muito para quem dá, mas pode ser significativo para quem o receber. Às vésperas do Natal, ao oferecer este dinheiro, em espécie ou em forma de comida e roupas, a uma família pobre, dizer-lhe: "Este dinheiro é para vocês porque é Natal e está nascendo o Salvador do mundo. Gostaria que você se sentisse feliz por isso".

Tal gesto para a maioria das pessoas não será muito penoso e trará grande alegria. Quem irá lhe agradecer por isso será o próprio Jesus, que nascerá para os pobres, Ele mesmo sendo pobre, para os doentes e para os pecadores.

8
Advento: a primeira vela

Quando ouviram o ruído do Senhor Deus, que passeava pelo jardim à brisa da tarde, o homem e a mulher se esconderam no meio das árvores do jardim. porque estavam nus (Gn 3,8.10).

No Primeiro Domingo do Advento, as igrejas têm o costume de acender, na assim chamada coroa do Advento, uma vela, que é "a vela dos lamentos e das súplicas" ou vela da oração. Com outras três, ela orna a coroa do Advento, rodeando uma vela maior, de cor branca, mas ainda apagada, que representa Jesus que ainda não nasceu.

As quatro semanas do Advento são um tempo muito especial na Igreja Católica. É um tempo de espera. O ser humano, aliás, está sempre à espera: à espera do dia de amanhã, à espera de dias melhores, à espera de algo que aconteça para libertá-lo dos sufocos da vida e de tristezas inevitáveis.

A criança espera crescer e ficar grande. O homem adulto espera vencer, para não temer o infortúnio. Os velhos esperam viver um pouco mais. Os que vivem esperam não morrer tão cedo, pois pensam que ainda não é tempo de partir.

Pois o Advento é um tempo litúrgico que dá asas às esperanças humanas. Este desejo espiritual de viver mais e melhor não é de hoje. Desde o fundo dos tempos, o ser humano sempre alimentou a perspectiva de uma vida sem fim ou de reencontrar o paraíso perdido que foi, na história humana, o seu mais trágico passo: perdeu o paraíso e a intimidade com Deus.

A coroa do Advento representa um pouco esta história. Podemos dizer que ela é a saudade do que se perdeu e a grande oração da esperança. A cada vela que é acesa, celebra-se um aspecto desta história. A primeira é a vela dos lamentos e das súplicas.

Por um lado, a humanidade chora a sua impotência, as suas dores, o suor de seu rosto e as tristezas de sua alma. Sonha com um paraíso que conheceu, mas já não tem, e sente a perda de uma convivência com Deus, seu criador. Por outro, reza e suplica para que o paraíso possa de novo acontecer.

A vela acesa vem iluminar tanto a tragédia pela perda do paraíso quanto as esperanças dos desejos. Enquanto não se acender a vela central da chegada do Salvador, as outras velas vão sendo acesas na coroa do tempo que fica mais seca com o passar dos dias e séculos, mas se faz, nos lamentos e nas súplicas da fé, mais iluminada.

9
Advento: a segunda vela

A serpente era o mais esperto de todos os animais que o Senhor Deus tinha feito. Ela disse à mulher: "Deus sabe que, no dia em que comerdes da árvore que está no meio do paraíso, vossos olhos se abrirão e sereis como deuses, conhecedores do bem e do mal" (Gn 3,1ss.).

Orgulhosamente ou tolamente, nossos primeiros pais quiseram se fazer como Deus. Avançaram sobre a árvore do bem e do mal, para se assenhorearem do conhecimento infinito das coisas e da natureza da vida. Com este gesto, desobedeceram, perderam o respeito pelo mistério e quiseram se fazer donos, não irmãos e companheiros, das outras criaturas. Quiseram mandar, não servir.

E aquilo que era um paraíso, uma festa com Deus, se transformou num "vale de lágrimas". O homem, desde então, teve de ganhar o pão de cada dia com o suor de seu rosto, e as mulheres, desde então, continuaram a ser a fonte da vida, mas a vida, as novas vidas só podiam ser celebradas por entre as dores do parto.

Longe de Deus, o suor e as dores passaram a gotejar da fronte dos Adões e a contrair o útero das Evas. Este foi o castigo do orgulho e da pretensão dos que não souberam viver na gratidão do que tinham de graça e optaram por dar ouvidos aos sussurros do grande inimigo, a Serpente.

Fora do paraíso, Deus deixou no coração humano a sua saudade em forma de esperança. E da terra, os homens passaram a olhar para o céu, à espera de um salvador, que lhes ensinasse o retorno ao paraíso perdido. Na verdade, Deus expulsou quem não o quis, mas não abandonou quem lhe desobedeceu.

A segunda vela da coroa do Advento representa tudo isso: o pecado da soberba e os cuidados de Deus. Por isso, o tempo do Advento é propício para uma boa confissão, para ajoelhar-se ou para perder a imponência do orgulho diante de Deus.

Esta segunda vela significa que o paraíso é de Deus e nele só ingressamos batendo no próprio peito e reconhecendo a soberania divina. A "árvore do bem e do mal" é dele e não podemos dar ouvidos aos sussurros da serpente que pode ser esperta, mas cujos caminhos são de perdição.

10
Advento: a terceira vela

Ele terá uma soberania ampla e uma paz sem limites sobre o trono de Davi e sobre seu reino, para estabelecê-lo e firmá-lo no direito e na justiça, desde agora e para sempre. O zelo do Senhor todo-poderoso fará isto (Is 9,6).

As quatro semanas do Advento representam os quatro longos mil anos de orações e súplicas da humanidade. Na verdade, representam o fundo dos tempos, toda a história humana. Para esta história, Jesus nasceu quando os tempos se completaram, e continua sempre nascendo para aqueles que o esperam em todos os tempos. Não basta que Ele tenha nascido em Belém. Ele precisa nascer em nós. O místico polonês Ângelus Silésius (1624-1677) disse: "Se Cristo não nascer em ti, em vão terá nascido em Belém".

Ao acender a terceira vela na coroa do Advento, as igrejas convidam os fiéis para um tempo de mais orações e de grande esperança. O grande presente do Natal é dado por Deus, na pessoa de Jesus. No Natal, a figura mais importante não é o papai noel, mas Jesus, o Filho de

Deus. Ele nascerá como nosso Salvador, para dar razões à nossa esperança.

A terceira vela do Avento é a da esperança em dias venturosos, graças às promessas de Deus. Os pobres de Javé poderão sofrer sob a prepotência dos poderosos, mas haverão de conhecer, nos tempos messiânicos, dias de paz. Deus fará brilhar, sobre os que habitavam "a terra da sombra", uma luz e fará nascer de uma virgem um menino que será chamado "Conselheiro, Deus forte, Pai para sempre, Príncipe da Paz" (Is 9,5). Esta é a imagem mais eloquente do poder de Deus: uma virgem dar à luz. Porque, para Deus, nada é impossível.

A coroa do Advento é de lamento e súplica (1ª vela), de pecado e perdão (2ª vela), de promessas e esperanças (3ª vela). O povo não será enganado (cf. Rm 5,5), porque Deus não falha em seus planos, Ele escreve certo por linhas tortas. "Então saberás que eu sou o Senhor; os que em mim esperam não ficarão frustrados" (Is 49,23). O nosso auxílio está no nome do Senhor.

Por isso, rezamos: "Vem, Senhor Jesus! Estamos à tua espera! Queremos receber-te de coração aberto! Queremos embalar-te em nossos braços, para que sintas o quanto te amamos! Ensina-nos a não ter medo de nossa pobreza, pois Tu és a nossa riqueza! Podes armar tua tenda em nosso mundo, pois Tu serás o nosso mais querido hóspede! A ti esperamos, a ti amamos, Tu és a vida de nossa vida! Em ti queremos encontrar o rosto de Deus que perdemos desde a expulsão do paraíso! E te pedimos: dá-nos um rosto divino! E que nunca nos falte a alegria desta singela confissão de fé: Tu, somente Tu, és nosso Deus e Salvador!"

11
Advento: a quarta vela

O povo que andava nas trevas viu uma grande luz. Sobre os que habitavam a terra da sombra brilhou uma luz. Multiplicaste o seu júbilo, fizeste crescer a alegria (Is 9,1).

As igrejas estão acendendo a quarta vela da coroa do Advento, coroa que simboliza a grande saudade que a humanidade sempre sentiu de Deus, por ter perdido o paraíso, num gesto tresloucado de desobediência. Nossos primeiros pais quiseram ser "como Deus", e acabaram perdendo, por ambição, a companhia visível de Deus.

Daí em diante, todos conhecemos como a história continuou. Expulsos do paraíso, Adão teve que ganhar o pão com o suor de seu rosto e Eva e as mulheres do mundo todo a ter seus filhos em trabalho doloroso de parto. Dor e suor foram os frutos da desobediência humana. E aquilo que homens e mulheres, quando obedeciam a Deus, tinham de graça, passaram a obter a duras penas.

Por termos perdido o paraíso, perdemos também, muitas vezes, o caminho. É por isso que o povo ia a João

Batista para perguntar: "Que devemos fazer?" E João, que vivia na presença de Deus, não titubeou de dar respostas que são válidas, até hoje.

Ao povo dizia: "Quem tiver duas túnicas, dê uma a quem não tem. E quem tiver comida, faça o mesmo!" (Lc 3,11. Repartam, sejam generosos, acudam os que padecem mais do que vocês!

Aos cobradores de impostos, o conselho foi: "Não cobreis mais do que foi estabelecido!" (Lc 3,13). Não sejais corruptos, mas justos e compassivos, não sobrecarregueis os outros com cobranças que eles não possam atender!

Aos soldados, suas palavras foram pontuais: "Não tomeis dinheiro à força de ninguém, nem façais falsas acusações; ficai satisfeitos com o vosso salário!" (Lc 3,14). Não abuseis da força, vós que estais armados! Não vos vendais nem se vos deixeis comprar. Deus é justo e só Ele é onipotente. Ao exercer um poder, não podeis exercê-lo para a infelicidade alheia. Antes, protegei as pessoas para que se sintam seguras.

Todos esses conselhos continuam sendo atuais para nossos concidadãos dos três poderes: para vereadores, deputados e senadores do Legislativo; para os executivos do Município, do Estado e do País; para as forças de segurança da vida social. O mesmo vale para os comerciantes. Não roubem, não explorem, sejam honestos nos negócios!

É por isso que estamos acendendo a quarta vela, porque queremos viver na luz, sendo transparentes em nossas relações familiares, cidadãs e comerciais. Não dá para ser de Deus na oração e dentro da igreja, tendo um comportamento de demônio fora dela. A quarta vela é a da oração feliz e fraterna: feliz por esperarmos Deus e fraterna na convivência fraterna. Não rezamos nem cantamos sozinhos. Formamos um coro de orantes e cantores.

O Natal é e será sempre uma festa da fraternidade humana e divina. Do céu nos chegará o Salvador e nós teremos que ter um comportamento de salvação entre nós. A religião exige de seus seguidores um comportamento ético, correto, abençoado. Não podemos pedir a salvação para nossas almas e sermos uma maldição para a vida dos nossos semelhantes.

12
Natal, festa sem fanfarras

Estando eles ali, completaram-se os dias para o parto, e ela deu à luz seu filho primogênito. Envolveu-o em panos e o deitou numa manjedoura, por não haver lugar na sala dos hóspedes (Lc 2,6-7).

Ao longo do Advento as quatro velas da coroa foram acesas, semana após semana. Agora, a coroa está totalmente iluminada e Jesus já pode nascer. Encontrará uma gruta enfeitada e nossos corações em festa.

A coroa do Advento simboliza a longa espera da humanidade pelo aparecimento de um salvador. O que a humanidade não sabia é que Deus nasceria num estábulo, entre um boi e um jumentinho. A humanidade esperava que Ele nascesse como rei, num palácio, cercado por pompas e fanfarras. Foi por isso que até os piedosos reis magos o procuraram na capital, em Jerusalém. Pois é assim que nascem os reis humanos.

Mas Jesus foi um rei diferente, Ele era um rei divino, e Deus não gosta de estardalhaço e de barulho. Ele prefere o silêncio e a periferia. Ele chega de mansinho, como chegam todas as crianças, apenas se fazendo notar pelo chorinho e por seus bracinhos irrequietos. Foi assim que Jesus nasceu e já podemos acender a última vela da coroa, a vela central e maior, em homenagem a Ele, objeto das esperanças humanas e das orações dos séculos.

Escreveu muito bela e acertadamente meu confrade Leonardo Boff: "Toda criança quer crescer e ser um homem grande. Todo homem grande sonha ser um rei poderoso. Todo rei poderoso deseja ser deus. Somente Deus quis ser criança".

Esta é a utopia do Natal: Deus se fez pequeno para que ninguém sinta vergonha de não ser grande. Deus se fez pobre, para que ninguém rejeite a própria pobreza. Deus se fez homem para que aprendamos o verdadeiro jeito de viver como Deus. No mais humilde presépio pode haver anjos cantando em meio aos vagidos de um indefeso nenenzinho. E uma estrela brilhará sobre a casa humana se formos pessoas de boa-vontade e de paz.

Mas abro um parágrafo para falar de Nossa Senhora. Não podemos esquecê-la. Com certeza, a pessoa mais importante de um nascimento é a criança, mas grandíssima importância tem também a mãe.

Com que carinho, com quantos cuidados, Nossa Senhora não deve ter acompanhado a gestação por nove meses de Jesus! Olhando para sua barriga, ela deve ter pensado muito nos planos de Deus e no supremo privilégio que só ela teve e teria entre todas as mulheres de todos os tempos: o privilégio de ter Deus dentro de si.

Deus, que tudo pode e é o Senhor de todas as graças, Deus que mandou seu anjo saudar Maria, como "cheia de graça", este mesmo Deus pediu a Maria que lhe concedesse uma graça, uma graça muito especial: a de abrigar, em seu seio por nove longos e felizes meses, o seu Filho. E Nossa Senhora, uma simples e linda mulher de Nazaré, disse-lhe "sim". "Eis aqui a serva do Senhor. Aconteça comigo segundo tua palavra" (Lc 1,38).

Estamos, com certeza, acendendo a última vela da coroa do Advento para Jesus e, também, para Maria. Gostaríamos de olhar para ela e saudá-la como sua prima Isabel, a mãe de João Batista: "Bendita és tu entre as mulheres e bendito é o fruto do teu ventre!" (Lc 1,42). Salve, Jesus! Salve, Maria!

13
Primeiro Jesus, depois Adão

> *Ele é a imagem do Deus invisível, o primogênito de toda criatura, porque nele foram criadas todas as coisas nos céus e na terra, as visíveis e as invisíveis: tronos, domínios, principados, autoridades; tudo foi criado por Ele e para Ele* (Cl 1,15-16).

A reflexão teológica, propiciada por este pensamento paulino, é uma das mais fecundas e de maiores consequências sobre o mistério de Cristo, em todos os tempos. Nela há duas verdades: Jesus é o primogênito de todas as criaturas e Cristo é as primícias de todos os mortos e ressuscitados.

Jesus é o primogênito de todas as criaturas. O texto diz que "por causa dele" todas as coisas foram criadas. E reforça o texto: "Tudo foi criado por Ele e para Ele". E afirma e tenta explicar o teólogo Paulo: "Ele existe antes de todas as coisas e todas têm nele a sua consistência" (v. 17).

Isso quer dizer que Jesus, no plano de Deus, antecede todas as coisas criadas. Antecede o sol e a lua, as plantas e os peixes, antecede Adão e Eva. Segundo esta verdade bíblica e teológica, Adão e Eva não são os primeiros. Eles são primeiros apenas na ordem cronológica dos nascidos, mas não na ordem das intenções divinas. No plano de Deus, o primeiro é Jesus.

E por Jesus e para Jesus, tudo foi criado. Todos os seres, por isso, têm um DNA ou uma marca *crística*, isto é, são de Cristo. São de Cristo a pedra, as águas cantantes dos riachos e a beleza dos pessegueiros em flor. São de Cristo e têm a marca de Cristo Adão e Eva e toda a humanidade. Tenha alguém nascido na China, no Japão, na Itália, no Canadá, na Groenlândia, no Brasil ou, como os índios, no fundo das florestas. Todos, sem exceção, existem e somente vivem por causa de Jesus e todos são de Cristo. Reis e imperadores, gente de sangue azul ou de sangue apenas vermelho, como o nosso. Cristo corre em todos os sangues.

Na Carta aos Efésios, São Paulo reforça esta ideia: "Deus colocou debaixo de seus pés [de Cristo] todas as coisas e o constituiu cabeça suprema de toda a Igreja, que é seu corpo, a plenitude daquele que preenche tudo em todos" (1,22-23).

A teologia de Paulo, desenvolvida pela escola franciscana, e a espiritualidade cristã afirmam que Deus, em sua felicidade, plena e suficiente, redonda e trinitária, planejou, no dia sem tempo de sua eternidade, criar alguém, fora de si mesmo, que fosse capaz de amá-lo tanto quanto Ele o amaria. Esse alguém só poderia ser alguém que fosse igualmente Deus. Para tanto, planejou a criação de Jesus, que também era a segunda pessoa da Santíssima Trindade.

A partir de Jesus, nasceu todo o universo: os céus e a terra, as coisas visíveis e as invisíveis. "Todas elas têm nele a sua consistência." Por isso, dizemos e confessamos, na fé, que Jesus é o primogênito de todas as criaturas.

Jesus é, também, o primogênito ou as primícias dos mortos. Somos todos mortais. As pessoas morrem, os demais seres desaparecem. A morte é o fim de todas as criaturas. Mas o que é um fim para nós, é, em Cristo e graças a Ele, um novo eterno começo.

Não morreremos para sempre, porque o plano de Deus é de felicidade eterna para todos os que são de Cristo. São de Cristo não somente aqueles que o conhecem e o professam conscientemente, mas todos aqueles que fazem o bem e vivem, no seu dia a dia, segundo o seu Evangelho. Os que têm consciência deste fato se chamam cristãos.

Em Cristo, quis Deus "reconciliar consigo todos os seres, os que estão na terra e no céu, realizando a paz pelo sangue de sua cruz". Jesus, por isso, é o Salvador de todos os chineses, japoneses, canadenses, dos brasileiros e dos índios, dos judeus e dos muçulmanos. Aos seres deste mundo foi dado um só nome, diz São Paulo, pelo qual todos são salvos.

Os cristãos têm o privilégio único de conhecer Cristo e seu Evangelho. Mas mesmo os que não o conhecem podem viver como Ele viveu. E, graças a isso, eles serão salvos por aquele que é a paz de Deus, por aquele que reconciliou o céu e a terra com o sangue derramado na cruz.

Temos que agradecer o conhecimento e a graça da fé em Jesus, que é a fonte de nossa alegria de viver e da esperança humana, esperança que não engana (Rm 5,5). Somos todos bem-aventurados, porque destinados, em Cristo, a uma plenitude de vida e de felicidade, em Deus, se fizermos o bem e vivermos o Reino dos Céus que Jesus anunciou. É isso que padres e pastores têm que pregar. É isso que nós, os cristãos, conscientemente, temos que viver.

14
Jesus, o Evangelho Vivo de Deus

Depois de João ter sido preso, Jesus veio para a Galileia. Pregava o Evangelho de Deus, dizendo: "Completou-se o tempo, e o Reino de Deus está próximo. Convertei-vos e crede no Evangelho"(Mc 1,14-15).

Podemos imaginar a cena: Jesus, um pregador ambulante, chegando a uma vila e começando a pregar na pracinha central. Pregava para os desocupados, para os que não tinham o que fazer. Pouco a pouco, ia se ajuntando gente, mais gente, tanta era admiração que Ele despertava por sua pessoa e pelo poder que usava para curar os doentes. Ele não só falava do Reino dos Céus: "Convertei-vos, porque o Reino dos Céus está próximo", como fazia sinais, milagres, mostrando que o Reino dos Céus já estava chegando.

Assim era a figura de Jesus: forte nas palavras, novo na mensagem, poderoso nas obras. E o povo, como era o povo? Ah, o povo era carente de tudo, estava abandonado, sem líderes políticos e sem pastores religiosos santos e confiáveis. Os fariseus e os mestres da lei não preenchiam nem uma coisa nem outra. Estavam mais preocupados em amarrar pesados fardos nas costas daquele povo que já vivia sem esperança. Explica-se por ali o grande interesse com que foi acolhida a pregação de Jesus. "Ele falava como quem tinha autoridade" (Lc 4,32) e o povo confessava: "Nunca vimos coisa semelhante em Israel". Jesus falava e agia, fazia milagres, consolava o povo, despertava-lhe as esperanças adormecidas, libertava-o das imposições dos mestres da lei.

Pedro e André, seu irmão, e os dois irmãos João e Tiago, eram pessoas simples, sem grandes estudos, eram rudes pescadores. Ao verem Jesus, deixaram-se fascinar. Um disse para o outro: "Venha ver! Encontramos o Messias", o enviado de Deus. E Jesus, conhecendo a pureza de suas intenções, chamou-os e lhes prometeu que, de agora em diante, seriam "pescadores de homens". Eles, então, deixaram tudo e seguiram Jesus.

"Deixar tudo" não queria dizer abandonar a própria família e o trabalho da pesca que era seu ganha-pão, mas, sim, seguir a Jesus mais de perto, fazer-lhe companhia, ser do grupo de Jesus. E Jesus se locomovia de aldeia em aldeia, e eles o acompanhavam.

Pouco a pouco foi se formando um grupo mais permanente que recebeu o nome de "doze apóstolos". Havia também mulheres, mas estas não faziam parte do grupo mais íntimo dos discípulos, pelos perigos que este grupo tinha que enfrentar e pela responsabilidade imediata para com suas famílias. O perigo maior vinha da parte dos fariseus e dos mestres da lei, daqueles que representavam a religião tradicional.

A mensagem de Jesus era nova, apresentava um Deus Pai e uma nova pertença ao Reino, no qual todos eram irmãos, ninguém superior a ninguém. Todos eram irmãos, filhos do mesmo Pai. Este foi o início da carreira de Jesus, carreira que durou pouco, apenas uns três anos, tempo para criar grandes inimigos, que temiam perder o controle da situação.

Mas quanto mais Jesus falava de libertação e da chegada do Reino dos Céus, mais o povo aderia e os inimigos se acirravam. O fim, nós o conhecemos. Mas, antes de chegar o fim, uma luz brilhou nas trevas para iluminar as esperanças do povo. Esta luz brilhou e foi guardada no Evangelho. Jesus foi chamado por Orígenes de Alexandria († 253) – um teólogo enciclopédico com mais de 600 obras escritas – de "o Evangelho Vivo de Deus".

15
Nascimento de Nossa Senhora

Enquanto assim falava, uma mulher levantou a voz do meio da multidão e lhe disse: "Feliz o ventre que te trouxe e os seios que te amamentaram!" Mas Jesus respondeu: "Mais felizes são aqueles que ouvem a palavra de Deus e a põem em prática" (Lc 11,27-28).

Talvez não haja nada de mais dramático em toda a literatura apócrifa do que o relato sobre o nascimento de Maria, sobre o qual, aliás, não há nenhuma palavra nos evangelhos e do qual se sabe muito pouco. A mais antiga fonte está no *Protoevangelho de São Tiago*.

Joaquim, futuro pai de Nossa Senhora, foi impedido de oferecer suas dádivas no Templo, porque, segundo o sacerdote Rubem, "ainda não tinha gerado um rebento em Israel". Mortificado e atormentado, não procurou mais sua mulher, Isabel, mas retirou-se para o deserto. Ali armou sua tenda e jejuou por quarenta dias e quarenta noites, dizendo: "Não sairei daqui nem sequer para comer ou beber, até que não me visite o Senhor Deus. Que as minhas preces me sirvam de comida e de bebida".

Por sua parte, Ana, futura mãe de Maria, lamentava-se e gemia dolorosamente em casa: "Chorarei minha viuvez e minha esterilidade". Profundamente triste, despiu suas vestes de luto, cingiu-se com um tocado, vestiu suas roupas de bodas e desceu ao jardim para passear. Ali viu um loureiro, assentou-se à sua sombra e orou ao Senhor dizendo: "Ó Deus dos nossos pais! Ouve-me e bendize-me da maneira que bendisseste o ventre de Sara, dando-lhe como filho Isaac!"

Tendo elevado seus olhos aos céus, viu um ninho de passarinhos no loureiro e novamente lamentou-se dizendo: "Ai de mim! Por que nasci e em que hora fui concebida? Vim ao mundo para ser como terra maldita entre os filhos de Israel. Estes me acumularam de injúrias e me escorraçaram do Templo de Deus. Ai de mim! A quem me assemelho eu? Não às aves do céu, pois elas são fecundas em tua presença, Senhor. Ai de mim! A quem me pareço eu? Não às bestas da terra, pois até esses animais irracionais são prolíficos ante teus olhos, Senhor. Ai de mim! A quem me posso comparar? Nem sequer a estas águas, porque elas são férteis diante de ti, Senhor. Ai de mim! A que me igualo eu? Nem sequer a esta terra, porque ela é também fecundada, dando seus frutos na ocasião própria e te bendiz, Senhor".

Apareceu-lhe, então, o anjo de Deus que lhe disse: "Ana, Ana, o Senhor escutou os teus rogos. Conceberás e dará à luz e de tua prole se falará em todo o mundo". Ana respondeu: "Viva o Senhor meu Deus que, se chegar a ter algum fruto de bênção, seja menino ou menina, levá-lo-ei como oferenda ao Senhor e estará a seu serviço todos os dias de sua vida".

Avisado pelo anjo, Joaquim voltou para casa. Ana correu ao seu encontro e, atirando-se ao seu pescoço, disse-lhe: "Agora vejo que Deus me bendisse copiosamente, pois, sendo viúva, deixo de sê-lo e, sendo estéril, vou conceber em meu ventre". Nove meses depois Ana deu à luz a uma menina e lhe puseram o nome de Maria. E ela foi e é conhecida "em todo o mundo", conforme prometeu o anjo de Deus.

O nascimento de Nossa Senhora é celebrado, na Igreja Católica, no dia 8 de setembro. O grande jesuíta, Padre Antônio Vieira, pronunciou um lindo sermão comemorando este acontecimento. Começa assim: "Se eu licitamente me pudera queixar do evangelista, neste dia me queixara, e cuido que com razão. Cala nele o evangelista três coisas não pequenas, que devera dizer, e diz só uma, posto que grande, que devera calar". O que ele cala? Cala o donde nasceu Maria e de quem nasceu. Mas não se cala "para que Maria nasceu". E é sobre este "para que nasceu

Maria" que o orador se espraia por 23 páginas, das quais cito apenas 17 linhas, de invulgar beleza.

"Perguntai aos enfermos para que nasce esta celestial menina: dir-vos-ão que nasce para Senhora da Saúde; perguntai aos pobres: dirão que nasce para Senhora dos Remédios; perguntai aos desamparados: dirão que nasce para Senhora do Amparo; perguntai aos desconsolados: dirão que nasce para Senhora da Consolação; perguntai aos tristes: dirão que nasce para Senhora dos Prazeres; perguntai aos desesperados: dirão que nasce para Senhora da Esperança."

Os cegos dirão que nasce para Senhora da Luz; os discordes para Senhora da Paz; os desencaminhados para Senhora da Guia; os cativos para Senhora do Livramento; os cercados para Senhora do Socorro; os quase vencidos para Senhora da Vitória.

Dirão os pleiteantes que nasce para Senhora do Bom Despacho; os navegantes para Senhora da Boa Viagem; os temerosos da sua fortuna para Senhora do Bom Sucesso; os desconfiados da vida para Senhora da Boa Morte; os pecadores todos para Senhora da Graça; e todos os devotos para Senhora da Glória.

E se todas estas vozes se unirem em uma só voz, todas estas perguntas em uma só pergunta, e todas as respostas em uma só resposta, ou, mais abreviadamente, todos esses nomes em um só nome, dirão que nasce Maria para ser Ma-

ria, e para ser Mãe de Jesus. Maria, de qua natus est Jesus (*Obras Completas*, vol. VIII, p. 198s.).

Grande e admirável Padre Antônio Vieira e milagroso nascimento daquela que viria a ser a mãe de Jesus! Os caminhos de Deus são insondáveis, mas o seu poder é inegável, porque, para Ele, nada é impossível. Mesmo um útero estéril e enrugado pode ser o berço divino de uma "celestial menina".

16
Epifania: brancos, negros e amarelos

Tendo nascido Jesus em Belém da Judeia no tempo do rei Herodes, alguns magos do Oriente chegaram a Jerusalém e perguntaram: "Onde está o rei dos judeus, que acaba de nascer? Vimos sua estrela no Oriente e viemos adorá-lo" (Mt 2,1-2).

Segundo a tradição e tendo em conta um relato tardio (ano 1150), os reis magos se chamavam Gaspar, Baltazar e Belchior. Um era branco, outro era negro e o terceiro teria sido amarelo. Nada se sabe, com certeza, sobre seus nomes e a cor de sua pele. Mas a tradição assim os chamou e identificou.

Todos tiveram acesso ao presépio de Jesus. Todos o abraçaram e os três o adoraram. Na liturgia, em forma de oração, explica-se a razão de sua procedência e cor: "Ó Deus, que hoje revelastes o vosso Filho às nações (brancas, negras e amarelas!), concedei a vossos servos, que já vos conhecem pela fé, contemplar-vos um dia face a face no céu". O Papa São Leão Magno ensina que "a misericordiosa Providência de Deus decidiu vir em socorro do mundo perdido e determinou salvar todos os povos (brancos, negros ou amarelos) em Cristo".

Guiados por uma estrela, os reis magos abandonaram suas terras e fizeram uma longa viagem na busca de Jesus. Foram guiados por uma estrela. Era uma estrela ou sinal de Deus. Todas as estrelas são de Deus e brilham em todas as vidas. Não brilham somente no céu que está sobre nossas cabeças, mas brilham no céu do coração das pessoas.

Mas a vida não tem somente a luz das estrelas. Tem também as trevas do desamor, dos desencontros afetivos, dos sofrimentos e das cruzes das doenças e da idade. Que grande cruz pode ser um filho! Estas são as nossas trevas, a nossas escuridões. Muitas vezes nos sentimos perdidos em nossa Jerusalém, na busca de Belém. Não desanimemos! A estrela de Deus, só aparente ou passageiramente, deixa de brilhar. Se retomarmos o caminho certo, sua estrela voltará a brilhar, principalmente se não perdemos o endereço da casa do bem e de nossa fé em nosso Senhor, Jesus Cristo.

Podemos ser brancos, negros ou amarelos. Não importa a cor da pele. O importante é que o busquemos, o abracemos e o adoremos. Quando isto acontece, a estrela de Deus brilhará sobre nossas cabeças, iluminará os nossos caminhos e parará sobre a estrebaria de Belém.

17
Epifania: somos todos reis

Quando viram a estrela, encheram-se de alegria. Ao entrar na casa, viram o menino com Maria, sua mãe; e, prostrando-se, o adoraram. Abriram seus cofres e lhe ofereceram presentes: ouro, incenso e mirra (Mt 2,10-11).

Festa dos Reis Magos ou Festa da Epifania. "Epifania" é uma palavra grega que quer dizer "manifestação" ou "revelação". Jesus, hoje, se revela a todos os povos, representados pelos reis magos, que vieram de distantes países do Oriente para reverenciar o novo Rei que tinha nascido.

O que chama a atenção é que, em Jerusalém, ninguém sabia do nascimento do novo Rei, que tinha nascido em Belém, a menos de 20km da capital. Parece ser comum, antigamente como atualmente e sempre, que na capital pouco se sabe do que acontece nos quatro cantos de um país. Jesus nasceu e Jerusalém nem tomou conhecimento.

E os Reis chegaram guiados por uma estrela, uma estrela especial que aparecia e desaparecia ao mesmo tempo. Quando os Reis entraram em Jerusalém, a estrela se apagou. Quando retomaram o caminho em direção a

Cristo, a estrela novamente começou a brilhar. Será que não é assim em nossas vidas? Quando prestamos ouvidos aos reis deste mundo, nossa estrela parece se apagar. Quando nos voltamos para Deus, nossa estrela recupera o seu brilho.

E eles chegaram trazendo presentes: ouro, incenso e mirra. Ouro, porque Jesus era rei. Incenso, porque somente a Deus se queima incenso. E mirra, uma substância amarga, porque Ele viria a ser "o homem das dores". Os três presentes são símbolos do que acontece em todas as nossas vidas.

Há muito ouro em nossa vida, isto é, os outros reconhecem que temos algo de reis, reis da simpatia, da bondade, reis da paz. Assim podemos viver: como reis! Há, também, muito incenso, porque temos a vocação de sermos divinos. Fomos criados à imagem e semelhança de Deus e desejamos ser imortais, como Deus. E Deus nos quer como filhos seus. Somos "filhos de Deus". Mas nossas vidas também têm muita mirra, sofrimentos, tristezas e a mais amarga das mirras é a morte. Mas, ao sofrer, não devemos nos perguntar revoltados por que nem desesperar. Jesus também sofreu e pelo amor com que sofreu se fez salvador da humanidade. Nós também podemos salvar os outros, oferecendo a Deus os nossos sofrimentos. Mas devemos sofrer com amor, sem revolta e sem desespero.

Dia dos Reis Magos e Festa da Epifania, da manifestação de Jesus, que não nasceu apenas para o povo fiel, mas para todos os povos. Nenhum povo está excluído da salvação de Deus. Somos todos reis. Agradeçamos a Deus pelo nascimento de Jesus e pela graça que Cristo é para nossas vidas. Ofereçamos a Ele tudo o que temos de melhor e somos: ouro, incenso e mirra.

18
Jesus é o Salvador verdadeiro

E diziam à mulher samaritana: "Já não cremos apenas por causa da tua conversa. Nós mesmos ouvimos e reconhecemos que este é realmente o Salvador do mundo" (Jo 4,42).

Jesus chega, com os discípulos, ao Poço de Jacó, na Samaria, terra pouco simpática aos judeus. Está cansado e com fome. Os discípulos vão à cidade para comprar alimentos, enquanto Ele fica descansando e com sede junto ao poço. Mas como tirar água, se o poço é fundo? Em seu auxílio chega uma mulher samaritana, sobraçando seu cântaro. E se inicia um inesperado, para não dizer estranho, diálogo: "Mulher, dá-me de beber", pede Jesus. Normalmente, um judeu não falaria assim com uma mulher desconhecida. Esta, a princípio, estranha, mas não se nega a atender-lhe o pedido.

Após um diálogo, inteligentemente reproduzido pelo Evangelista João, a mulher se rende e se encanta com Jesus e corre à cidade para anunciar que talvez Ele seja o

Messias. Mesmo descrente, o povo volta com a mulher e, finalmente, se encanta também com a figura e as palavras de Jesus. E pede a Ele que não se vá. Assim como a mulher lhe deu de beber, assim Jesus atende o povo e fica na cidade por mais dois dias.

A lição aparece no fim da perícopa, com todas as letras. Diz o povo: "Já não cremos por tuas [da mulher] palavras, pois nós mesmos ouvimos e sabemos que este é o verdadeiro salvador do mundo" (Jo 5,42). O velho Apóstolo João escreveu seu Evangelho pelo ano 90, para chegar a esta conclusão redonda e definitiva: Jesus "é o verdadeiro salvador do mundo". "Quem crer será salvo. Quem não crer já está condenado".

O Papa Francisco repete à saciedade: Não podemos ser cristãos parcialmente, cristãos *spray*, mas temos que crer em Cristo com corpo e alma, com todo o nosso ser, pra valer e definitivamente. Ele é o verdadeiro salvador do mundo. Esta lição que nos vem do Apóstolo João atravessou os séculos, fez santos e heróis, e é, agora, reproclamada pelo Papa Francisco. Jesus é o verdadeiro Salvador do mundo!

19

A graça das tentações

Cheio do Espírito Santo, Jesus voltou do Rio Jordão e foi levado pelo Espírito para o deserto, onde foi tentado pelo diabo durante quarenta dias (Lc 4,1).

Em todas as quaresmas, o primeiro domingo apresenta para reflexão da Igreja as tentações de Jesus. Retirou-se Ele para o deserto em preparação para sua missão. As tentações de Jesus não são apenas simbólicas, mas reais e dolorosas.

A tentação esteve presente em toda a vida de Cristo. Quando chegou a Jericó em sua última e fatal viagem a Jerusalém, os apóstolos pareciam querer embromar a continuidade da viagem. Aí, Jesus enrijeceu o rosto e puxou a marcha, adiantando-se a todos. Os apóstolos o seguiram a contragosto. Desconfiavam, amedrontados, que o pior iria acontecer naquela Jerusalém "que matava os profetas e expulsava os homens de Deus".

As três tentações foram sintomáticas: a fome (dependência e preguiça), o orgulho (vaidade e gosto de aparecer) e o adultério (a negação de Deus e a adoração de um ídolo). Jesus não duvida, mas enfrenta o maligno com os olhos postos em Deus. Ele termina as investidas do maligno com a mais veemente rejeição: "Vai-te embora, satanás, porque está escrito: 'Adorarás o Senhor teu Deus e somente a Ele servirás'" (Mt 4,10).

Muitas pessoas de Igreja demonstram verdadeiro horror, quando não um medo doentio, frente às tentações. Pensam que ser santo é não ter tentações. Desconhecem que a tentação é uma graça, sem a qual não se aprende a vencer o "fermento da maldade". As tentações desafiam para o bem e enrijecem, quando vencidas, a vida espiritual, criando musculatura e definição religiosas. As pessoas não tentadas são, em geral, muito chatas e sem graça. As tentadas, ao contrário, ao vencer as insídias do maligno, se aproximam mais de Deus e do seu Reino. As tentações ocorrem no caminho da santidade. Felizes os tentados! A tentação não é um mal. Mal é ceder e cair nelas.

20
As três grandes tentações

Então o diabo o deixou e os anjos se aproximaram para servi-lo (Mt 4,11).

No Evangelho de Lucas, o episódio das tentações de Jesus começa com a frase "Jesus estava cheio do Espírito Santo", tendo sido "guiado ao deserto pelo Espírito de Deus" (4,1).

Em confissões, muitas pessoas se confessam que foram tentadas. Ser tentado não é pecado. A tentação, em si, é apenas uma provação, não é, em si, uma desgraça e muito menos pecado. A tentação só é ruim quando nos vence, quando cedemos e somos levados pelos descaminhos dos maus espíritos.

A espiritualidade fala da tríplice concupiscência, isto é, dos três grandes desejos instintivos do ser humano, dos três desejos fundamentais que todos experimentam. São os desejos do poder, do prazer e do valer. Foram exatamente estas as três tentações que o demônio apresentou a Jesus.

A tentação do poder. Atualmente, costuma-se dizer de uma mulher muito bonita que ela é "poderosa". Ser bonita e poderosa não é problema, não é mau. Usando o poder para o bem, para servir melhor os outros, faz com que o poder seja uma bênção. Se, ao contrário, uma pessoa poderosa usa o poder apenas para se beneficiar, torna-o mau para si e para todos.

Os poderosos devem usar do poder como serviço e não como privilégio. Um político, um empresário, um homem forte, uma mulher bonita, todos eles são poderosos. Com o poder que têm não devem humilhar os outros, nem explorá-los a benefício egoísta e próprio, não devem se fazer demônio de seus semelhantes.

A tentação do prazer. O instinto do prazer não é mau. Pelo contrário, é um apelo instintivo e natural da vida. A vida é, também, prazer. Há o prazer de comer, de fazer sexo, de se divertir, de curtir uma amizade, uma viagem ou paisagem, de escutar uma boa música, de amar e ser amado. O que não se deve é fazer deste instinto uma exigência egoísta, dificultando ou impedindo os demais de usufruir deste mesmo inato instinto.

Em matéria de sexo, isto é muito claro. Ninguém pode "usar e abusar" dos outros apenas para o próprio prazer. Na comida, igualmente. Não se deve comer cuidando só de si mesmo. Por este privilégio prazeroso que é comer não podemos negar ou impedir aos demais o acesso à comida.

A tentação do valer. Há pessoas que pensam que valem mais do que as demais. Não reconhecendo que todos têm a mesma dignidade, porque, finalmente, todos pertencem à mesma família, têm o mesmo destino e são feitas do mesmo barro. O grande pecado desta tentação do valer é a vaidade, a soberba, a discriminação.

Quem está bem-vestido pode pensar que vale mais do que quem não está. Quem tem um cargo mais remunerado, pode pensar que vale mais do que quem ganha apenas um salário mínimo. Vazia ilusão! Ninguém deve ser humilhado pelo que ganha ou pelo que veste. Finalmente, um dia, todos serão a mesma coisa: apenas um defunto frio e acabado.

Jesus venceu as três tentações porque "estava cheio do Espírito de Deus". Longe de Deus, fora de Deus, não somos nada, somos apenas "carne do dilúvio" ou "ovelhas destinadas ao matadouro". A nossa força está no nome do Senhor. Sem Deus, seremos presas fáceis do maligno, que deve ser enfrentado "cheios do Espírito Santo". Em assim fazendo, quando terminarem as tentações, os anjos de Deus virão e servirão os vencedores.

21
A fé não tem paredes

Tudo que desejais que os outros vos façam, fazei-o também vós a eles. Pois esta é a Lei e os Profetas (Mt 7,12).

Vem a hora, e já chegou, em que os verdadeiros adoradores hão de adorar o Pai em espírito e verdade (Jo 4,23).

Quando estamos na Igreja é importante ter a consciência de que ela não é uma ilha, mas um mundo, e está no mundo. Não vamos à igreja apenas para rezar por nós e pelos nossos, assim como o agricultor não planta trigo apenas para fazer pão para sua família. Podemos ser movidos por uma intenção particular, como rezar por um aniversariante ou por uma pessoa falecida, assim como o agricultor planta trigo também para o pão de seus filhos.

Mas quando abrimos os braços em oração, fazemo-lo para abraçar o mundo. Nossa oração não é pequena, não é um ato isolado, ela tem a dimensão e o poder de Cristo. Não é preciso dizer que Cristo armou sua tenda entre nós, em nossa terra, para a salvação de todos. Não morreu para os católicos ou para qualquer tribo religiosa.

Na igreja, abraçamos quem está ao nosso lado, mas esse abraço tem o endereço da Paz com o mundo todo. Na Igreja somos mundo e no mundo somos Igreja.

Nossa fé, por isso, não tem paredes, porque não rezamos para um Deus encarcerado ou privatizado, que só fala e entende a nossa língua. A língua de Deus é a vida. Ou entendemos que Deus é Pai de todos, ou não somos seus filhos verdadeiros. Seu sol brilha para justos e injustos e sua chuva cai em todas as hortas e jardins. Quando dizemos "Pai nosso", estamos rezando em nome de toda a humanidade. Assim como um pássaro é feito para o ar, mesmo pousando, para descansar, nos galhos de uma árvore ou na beirada de uma cerca, assim as pessoas religiosas descansam na Igreja, mas suas asas se abrem para a dimensão do mundo e do universo.

Nossa fé não tem paredes. As paredes das igrejas nos abrigam para os cultos, mas o mundo nos chama para suas histórias de dores e alegrias. Deus está tão dentro quanto fora das igrejas. As religiões têm igrejas, mas o mundo pertence a Deus e nós vivemos para ele (o mundo) e para Ele (Deus).

Vejo muitas pessoas de Igreja rezando em verdadeiros "programas de índio". Participam dos cultos, sem sair da taba protegida de suas tribos. Só entendem e apreciam suas danças e liturgias. Rezam e cantam para o céu, de costas para o mundo. Mas Jesus abandonou o céu e armou sua tenda na terra e falou do Reino dos Céus, curando os doentes, cuidando dos pobres e anunciando um evangelho de salvação para os que acreditavam em Deus "em espírito e verdade", em Jerusalém ou entre os samaritanos. "Estes são os adoradores que o Pai deseja" (Jo 4,23). A fé de Jesus era sem paredes e geografia. A nossa fé não custa a bagatela de uns poucos trocados nem a exorbitância compulsória dos dízimos. Ou ela tem alma e o amplo espírito do mundo e da verdadeira adoração, ou não passará de um empobrecido programa de índio.

22
Deus tem a chave

Deus colocou sob os pés de Cristo todas as coisas e o constituiu cabeça suprema e plenitude que preenche tudo em todos (Ef 1,22-23).

O ser humano não é apenas uma interrogação, é também um interrogante. Um interrogante de si mesmo. Um animal não se interroga nem constrói seu destino, não se pergunta "quem sou eu?" Não se olha no espelho para saber mais sobre sua identidade nem pergunta como será seu dia de amanhã. Não se arrepende do que fez nem faz propósito para melhorar sua vida. Ele apenas é um bicho, na petrificação de sua natureza animal. Nasce sem ter que aprender. O gato, desde seus primeiros dias, sabe caçar ratos, e os muares não reclamam por ter que puxar uma carroça.

Diferentemente é o ser humano que tem consciência de seus possíveis caminhos e escolhas. Ele é um ser aberto para si e para os outros. É único e ímpar e diferente dos outros, mas, ao mesmo tempo, tem um destino que, em si, é pequeno, mas, somado aos destinos da humanidade, é cheio de perspectivas de sonho e, ao mesmo tempo, pode ser trágico, tornando-o frágil e desprotegido.

Um rabino, conta Jürgen Moltmann (* 1926), teólogo reformador alemão, pretendia escrever um livro definitivo sobre o homem, a que daria o título simples e redondo: "Adão". Desistiu porque chegou à conclusão que nenhum ser humano é definitivo. Todos estão em permanente devir, desenvolvendo-se para uma plenitude para a qual estão sempre distantes.

Nem nós conseguiríamos escrever um livro definitivo sobre nós mesmos. Quanto mais olhamos para nós mesmos, parece que mais encontramos razões para nos surpreender e, até, duvidar de nosso pobre eu. Não nascemos prontos e morreremos como uma sinfonia inacabada.

Cada pessoa está aberta para a esperança e para a tragédia. Ninguém nasce redondinho para as interrogações de sua identidade. Nascemos para os bancos da escola e continuaremos sentados nos bancos da vida, sempre com a mesma pergunta: Quem sou eu? Somos uma interrogação grande demais para as pretensões ilimitadas, mas quiméricas, dos nossos sonhos sem respostas e dolorosas frustrações.

Religiosamente, as respostas humanas encontram a chave da compreensão do seu ser em Deus. E Deus entregou a chave da compreensão humana à pessoa de Jesus que foi "verdadeiramente homem e verdadeiramente Deus". Ser gente ou mais gente, podemos dizer, é ser como Jesus, ou mais como Ele.

23
A carroça tem dois eixos

Sede perfeitos como vosso Pai do céu é perfeito (Mt 5,48).

Sede misericordiosos como vosso Pai é misericordioso (Lc 6,36).

Eu vos mando: que vos ameis uns aos outros (Jo 15,17).

Em muitas passagens bíblicas do Antigo e do Novo testamentos há um forte apelo à santidade ou à perfeição de Deus. No Livro do Levítico (5,1-2.17-18; 19,2), Deus fala explicitamente ao povo através de Moisés: "Sede santos, porque eu, o Senhor, vosso Deus, sou santo". No Evangelho de Mateus (5,38-48), a perícopa termina com estas palavras: "Portanto, sede perfeitos, como vosso Pai celeste é perfeito". Na Primeira Carta aos Coríntios (3,16-23), o apóstolo desenvolve o raciocínio de que os seguidores de Jesus devem ser santos, porque Cristo é de Deus, que é santo. O mesmo, na Primeira Carta de Pedro: "Mas, assim como é santo aquele que vos chamou, sede santos em todas as ações, pois está escrito: Sede santos porque eu sou santo" (1,15-16).

A santidade exigida dos cristãos e judeus é, sem dúvida, motivada pelo Deus santo, mas será sempre comprovada no amor pelos semelhantes. A santidade pode ter um parâmetro mais alto, superior, em Deus, mas tem uma contraprova embaixo, horizontal, nas pessoas. Eis como se expressa o Evangelho: "Amai os vossos inimigos, orai pelos que vos perseguem, para serdes filhos de vosso Pai que está nos céus, que faz nascer o sol sobre bons e maus e chover sobre justos e injustos" (Mt 5,44).

No Levítico, o contexto da santidade de Deus também inspira o amor aos semelhantes: "Não guardes no coração ódio contra teu irmão. Repreende teu concidadão para não te tornares culpado de pecado por causa dele" (19,17). E no Deuteronômio: "Dei aos vossos juízes a seguinte ordem: Ouvi vossos irmãos, julgai com justiça as questões de cada um, tanto com seu irmão como com o estrangeiro. Não façais acepção de pessoas em vossos julgamentos; ouvi tanto os pequenos como os grandes, sem temor de ninguém, porque a Deus pertence o juízo" (Dt 1,16-17a).

A santidade bíblica gira sobre dois eixos: em Deus, porque Ele é santo, e no irmão porque ele é "templo santo de Deus" (São Paulo). A carroça não se move com um só eixo. Ou se apoia em dois, ou se torna capenga e atolada, não levando a lugar algum.

24
Deus conhece o endereço

Céus e terra, entoai cantos de júbilo e alegria, montes, explodi de alegria! Pois o Senhor consolou seu povo e se compadeceu de seus pobres (Is 49,13).

O Livro da Consolação, do Profeta Isaías, começa, no capítulo 40, com as seguintes palavras: "Consolai, consolai o meu povo!" (40,1). É preciso lembrar que o povo estava no exílio da Babilônia sem perspectivas de retorno para casa. Daí a importância da voz do profeta que garante que Sião será reconstruída, porque seu Deus, Javé, é o único Deus, o criador do universo e da história de Israel. "No tempo da graça eu te atendi, no dia da salvação te ajudei" (49,8); Ele "consolou seu povo e se compadeceu de seus pobres" (v. 13). Mesmo assim, o povo parece não acreditar e se destempera numa reclamação de descrença e de quase revolta: "O Senhor me abandonou, meu Deus me esqueceu" (49,14).

Deus, então, tece, pelo profeta, a seguinte consideração: "Pode uma mulher esquecer seu bebê, deixar de querer bem ao filho de suas entranhas? Mesmo que alguém esquecesse, eu não te esqueceria! Eis que eu te desenhei na palma das mãos e tuas muralhas estão sempre à minha vista" (49,15-16). Mais adiante, o profeta fala em nome de Deus: "Saberás que eu sou o Senhor; os que em mim esperam não ficarão frustrados" (v. 23).

Pode ser que alguém se sinta frustrado e perdido numa Babilônia qualquer, sem perspectiva de voltar para a casa da felicidade e de seus sonhos. Como o povo fiel, talvez já tenha pendurado suas harpas nos salgueiros junto aos rios. Não sente mais vontade de cantar e de rezar. O céu está toldado de nuvens negras. Embora procure, não sabe de onde lhe pode advir a salvação.

Nestes momentos, é preciso acreditar que seu nome está escrito na palma da mão de Deus e que Ele protege suas muralhas. Ele não abandonará ninguém, não se esquecerá de seus eleitos. Ele virá em socorro dos seus, confundirá os inimigos e já não haverá razões para a frustração e a descrença. Podemos não ver a saída ou solução para nossos desencontros, mas Deus é Deus e o Senhor de todos os caminhos. Quando menos esperarmos, o nó de nossas dores deixará de apertar nosso espírito e nos será restituída uma nova casa para a qual tínhamos perdido a esperança de voltar e da qual apenas sentíamos saudades. Dela, Deus conhece o endereço.

25
Aparência não é tudo

Eu vi um filho de Jessé de Belém: ele sabe tocar, é valente e bom soldado; fala bem e tem boa aparência, e o Senhor está com ele (1Sm 16,18).

Samuel viu Eliab, que devia ser um jovem alto e de boa aparência, e disse: "Certamente este é o ungido do Senhor" (1Sm 16,6). Mas o Senhor disse-lhe: "Não olhes para a sua aparência nem para a sua grande estatura, porque eu o rejeitei. Não julgo segundo os critérios do homem: o homem vê as aparências, mas o Senhor olha o coração" (v. 7).

De forma idêntica, ordenou Jesus: "Não julgueis pelas aparências, mas julgai segundo a justiça" (Jo 7,24). Os caminhos de Deus não se pautam por aparências externas. Deus tem os seus desígnios e faz as suas escolhas que não coincidem, necessariamente, com as escolhas humanas. Pois diz em outro lugar: "Meus pensamentos não são como os vossos pensamentos e vossos caminhos não são como os meus caminhos" (Is 55,8).

Não é preciso lembrar-se do medroso Moisés que fugiu, refugiou-se no deserto e era gago, mas, mesmo assim,

Deus o escolheu para libertar seu povo. Um gago enfrentando e falando ao poderoso e quase divino faraó do Egito! Paulo, em aparência, estava longe de ser como Barnabé, lindo e invejado. Não falemos dos apóstolos, rudes pescadores e camponeses iletrados da Galileia, aos quais foi confiado o legado do Evangelho e a missão da evangelização do mundo.

Deus pode caminhar ao lado das pessoas, como no caso dos discípulos de Emaús, e elas não o reconhecerem. Ou pode aparecer aos apóstolos, no cenáculo, e eles, cegos pelo medo, pensarem estar vendo "um fantasma". Deus não julga segundo as aparências e as pessoas não o distinguem quando aparece, fala e se esconde nas dobras dos acontecimentos e infortúnios da vida.

Nos casamentos humanos a lógica é diferente. As aparências contam muito. Mas Deus não é de casamento. Ele não se casa. Nos Estados Unidos, um jovem com 1,82m tinha maiores chances de um bom emprego, segundo as pesquisas, quando lá vivi.

Ter um bom coração, generoso e paciente, compreensivo e caloroso, nos faz parecidos com Deus. "Deus olha o coração". Assim foram os grandes santos. Amaram os pobres, os leprosos e abandonados, e Jesus veio, diz o evangelista, para "os pobres, os doentes e os pecadores". Sem excluí-los, não veio para os apolíneos com grande estatura e boa aparência.

No plano espiritual, ninguém deve priorizar a aparência externa. Ela pode ser enganosa, quando não falsa. "Enganosa é a graça, fugaz a formosura" (Pr 31,30). Não é só Deus que rejeita tais pessoas. Nós, também, não apreciamos a vaidade pretensiosa de semelhantes amigos. Há casamentos em que os dois são lindos, mas não são capazes de construir um lar feliz. Falta-lhes um "bom coração", quente e caloroso, falta-lhes pensar mais no outro do que em si.

Se tiveres que comprar um perfume, compra o perfume da virtude, dos cuidados, das atenções, do amor e da simpatia. E oferece ao amor de teu juramento, na alegria e na tristeza, na saúde e na doença, na riqueza e na pobreza, um bom coração. E te sintas feliz, por fazer feliz a pessoa com a qual estás casado.

26
Os ombros de Deus

Ele vai ao sepulcro para chorar. [...]. Quando viu Maria e todos os judeus que vinham com ela estavam chorando, Jesus se comoveu profundamente (Jo 11,31b.33).

Para muitos cristãos, a pessoa de Jesus é bastante asséptica e distante. É um Jesus pouco humano que não se comove nem chora. Parece que Ele não tem emoções. Aliás, é fácil ajoelhar-se diante de Jesus como Deus e vencedor do pecado e da morte, é fácil admirar o Jesus dos grandes milagres, dos discursos empolgantes, com vestes esvoaçantes, o Jesus que cala seus adversários com inteligência e coragem. Esse Jesus é fácil de aceitar e aplaudir.

Difícil é Jesus gente, o "homem das dores", o crucificado, o Jesus que se encrespa com as duras servis de seus discípulos, que se impacienta e condena os fariseus hipócritas e os doutores da lei arrogantes, o Jesus que reza e chora, que se emociona e pede a companhia de alguns amigos. Pois é este o Jesus que encontramos no quadro da ressurreição de Lázaro.

Quando Jesus soube que o amigo Lázaro tinha morrido, viajou para Betânia com o coração dolorido, embora, aparentemente, sabendo o que ia fazer. Sem rodeios, disse a Marta: "Eu sou a ressurreição e a vida. Quem crê em mim, mesmo que morra, viverá. E todo aquele que crê em mim não morrerá jamais. Crês isto?" Ela respondeu: "Sim, Senhor, eu creio firmemente que és o Messias, o Filho de Deus que devia vir ao mundo" (Jo 11,24ss.).

Jesus, então, se dirigiu ao local em que Lázaro estava enterrado. "Quando Jesus viu Maria, a irmã mais nova, a chorar, e também os que estavam com ela, estremeceu interiormente e ficou profundamente comovido" (v. 33).

Não é preciso dizer que a morte comove, emociona e machuca o coração humano. Mas Deus é o Deus dos vivos, como dizem as Escrituras, e não dos mortos. A morte abala e entristece o interior dos que continuam vivos, quer acreditem ou não no poder do Deus da vida.

A partir da própria experiência, sabemos que a fé não exime as pessoas do sofrimento. Chorar na hora da morte não é nenhum desdouro e ter medo de morrer não é nenhuma ofensa a Deus. O coração humano quer continuar a bater, porque a vida é um dom e uma graça, a maior delas. No entanto, não somos apenas apreciadores da vida, somos também destinatários à morte.

Vivemos amando a vida e morreremos lamentando a morte própria e a dos outros.

Diante da morte só nos restam as lágrimas da perda e da saudade e o ato de fé de Marta: "Eu creio firmemente!" E nos sobra, principalmente, além das lembranças, o compromisso de continuar vivendo, sem deixar que as lágrimas embacem o olhar da fé e a confiança no poder daquele que é Senhor dos vivos e dos mortos.

O sol, como se costuma dizer, continuará a nascer a cada dia para acalentar nossas dores e esperanças. Se não pudermos, momentaneamente, ter e ver Jesus junto ao túmulo das pessoas amadas, sempre teremos a companhia daqueles que nos oferecem seus ombros para nossas lágrimas. Estes ombros são os ombros que o Deus da vida nos oferece pelos amigos que temos. São os ombros de Deus. É verdade que, na morte, os amigos não têm grande poder, mas têm um ombro, o ombro do consolo e da ajuda. Eles têm e são, para nós, o ombro de Deus.

Quando do assassinato do Presidente Kennedy, quando todo o mundo se perguntava atônito e sem entender por quê?, o Cardeal Cushing, de Boston relembrou, diante do féretro, um pensamento bíblico de fé: "Não devemos colocar um ponto de interrogação, aonde Deus já colocou um ponto final".

27
O noivo está chegando

Desde então Jesus começou a pregar e a dizer: Convertei-vos, pois o Reino dos Céus está próximo (Mt 4,12).

Em geral se diz que "converter-se" significa mudar de direção, como se a vida estivesse no caminho errado. Não me parece este o melhor sentido pretendido por Jesus ao pregar a conversão. Na verdade, Ele quer que as pessoas tenham uma nova alma, se encham de um novo entusiasmo e estejam preparadas para um novo grande acontecimento. Algo de novo está por acontecer: "O Reino de Deus está chegando". A chegada de Jesus é a proclamação de um novo começo, de uma nova aurora religiosa.

Em outra passagem, o noivo está chegando. Em contraste com os líderes religiosos, escribas e fariseus, Jesus se apresenta como o noivo. A festa vai começar porque Ele chegou. Para tanto, é preciso estar com a "veste nupcial" e com as "lâmpadas acesas" nas mãos, ou com um brilho diferente no olhar e uma disposição renovada no coração. É preciso sentir a alegria de encontrar-se com o noivo, saindo da rotina ressequida do dia a dia. Até dos preceitos religiosos e dos mandamentos gravados na pedra devem as pessoas libertar-se.

O motivo da festa não resultará do cumprimento automático ou fiel das obrigações religiosas ou sociais, mas da chegada do Noivo.

Jesus quer que seus ouvintes experimentem esta alegria e não apenas se sintam seguros porque cumprem os mandamentos, vão ao templo, rezam e pagam religiosamente o dízimo. Converter-se, então, significa viver na expectativa da chegada do noivo, mudar os ares da alma, sentir-se feliz porque se é convidado para a festa, porque Deus virá abraçar seu povo. E para o abraço de Deus, os convidados devem estar de banho tomado, perfumados, com luz nos olhos, com lâmpadas nas mãos, de roupa nupcial, com uma palpitação de felicidade no coração.

O anúncio da chegada do Reino é uma festa e numa festa não há lugar para ódios e intrigas, para distâncias hostis entre os convidados. Porque o noivo está chegando, os sentimentos devem ser de acolhida, amor, respeito e perdão. Corações e portas devem se abrir. Todos devem correr ao encontro do noivo, recebendo-o ao som dos címbalos e com cânticos de jubilação.

A menos que alguém esteja no caminho errado, não é preciso mudar de direção, mas sim de intensidade, deixando-se tomar por uma atitude renovada de festa. É como se estivéssemos voltando para casa, para a nossa casa. Na visão de Jesus, não somos nós que estamos voltando para ela, mas é a nova Casa de Deus que está chegando para todos, judeus e gentios. Daí a necessidade de "converter-se", de abrir-se ao anúncio salvador e festivo, esquecendo as tristezas e escravidões e dizer: Que bom!

Estamos todos no caminho certo da graça de Deus e da vida, mesmo se com dificuldades de vivenciar tal caminho. Não serão necessários grandes saltos na conversão proposta por Jesus, mas apenas intensificar nosso jeito de sermos filhos de Deus e convidados ao banquete do noivo. Continuar sendo pai, mãe, família, amigo, padre, trabalhador, doente ou não, idoso ou não, com mais vontade de abraçar, com alma e coração, a graça da vida e do Reino dos Céus. O importante não é mudar de direção, mas receber com alegria o noivo e seu convite para participar da festa. Conversão bíblica não indica abandono do que se é e do que se faz, mas intensidade, mais intensidade e alegria em seguir o noivo, aplaudi-lo e abraçá-lo, porque Ele é a razão da festa.

28
Inimigos

Ouvistes o que foi dito: "Amarás teu próximo e odiarás teu inimigo". Pois eu vos digo: Amai vossos inimigos e orai pelos que vos perseguem, para serdes filhos do vosso Pai que está nos céus (Mt 5,43-45).

Inimigos! Quem não os tem? Amá-los não é fácil. É mais fácil viver de costas para eles do que aproximar-se para perdoá-los e, quem sabe, para abraçá-los, pedindo-lhes perdão.

O Papa Francisco tem, sobre os inimigos e ofensores, uma frase redonda. "O primeiro em pedir desculpas é o mais valente. O primeiro em perdoar é o mais forte. O primeiro em esquecer é o mais feliz."

Jesus, do alto da cruz, deu o exemplo, perdoando os que o crucificaram "porque não sabiam o que estavam fazendo" (Lc 23,34). E quando apareceu aos discípulos que o negaram, traíram e fugiram, não só os perdoou, como lhes deu o poder de perdoar (Jo 20,23). Ele mesmo sempre perdoava os pecados de quem curava.

Remendando um pouco o pensamento do papa, perdoar e esquecer não são termos que necessariamente se casam ou se correspondem. Muitas pessoas dizem: "Perdoo, mas não consigo esquecer". Psicologicamente, não é necessário esquecer ao perdoar. Aliás, não dá para esquecer. Ferida é ferida, mesmo que já esteja cicatrizada. Mas é possível passar para além das ofensas e não ficar tropeçando eternamente nelas. Perdoar é uma atitude espiritual, enquanto que lembrar e esquecer se aninham em naturais reações instintivas.

O Sermão da Montanha ocupa os capítulos 5, 6 e 7 do Evangelho de Mateus. No capítulo 5, Jesus fala sobre a necessidade do perdão, uma das verdades próprias e pessoais de sua pregação, exigência que mais chocou seus ouvintes, habituados ao "dente por dente, olho por olho". Esta medida, aliás, não foi só dos judeus, mas de todos os povos e pessoas em todos os tempos.

É difícil, é muito difícil perdoar. O ofendido, quando não trama vingança, quer ao menos justiça e punição. Jesus apresenta o perdão como condição para reaproximar-se a Deus. "Se estiveres diante do altar para apresentar a tua oferta e ali te lembrares que teu irmão tem alguma coisa contra ti, deixa tua oferta lá diante do altar, vai primeiro reconciliar-te com teu irmão e então volta para apresentar tua oferta" (Mt 5,23-24). Quantos padres e pastores teriam que abandonar o altar se cumprissem esta ordem do Senhor? E nossas igrejas não ficariam semivazias se isso fosse aplicado ao pé da letra? Na verdade, uma é a boca que louva a Deus e outra, bem outra, a que não perdoa o semelhante ofensor.

No fundo, os adeptos do Reino dos Céus são instados a ter um só coração que ama igualmente a Deus e ao próximo. É fácil amar a quem não se vê, a Deus, diz o Evangelista João, sem amar a quem se vê, o irmão. Quem assim procede é mentiroso (cf. 1Jo 4,20), diz ele ecoando o Sermão da Montanha.

Já não seria tempo de você pegar o telefone e ligar para quem o ofendeu e convidá-lo para o perdão, pois é perdoando, como diz a oração de São Francisco, que se é perdoado? Ter a nobreza do perdão! Depois, volte à Igreja com o coração leve e, em obediência ao Evangelho, reze a Deus, apresentando-lhe sua oferta.

29
Ciúmes entre irmãos

Ouço a voz de teu irmão, clamando da terra por vingança. Agora serás amaldiçoado pelo próprio solo que engoliu o sangue de teu irmão, derramado por ti. Quando cultivares o solo, ele te negará o sustento e virás a ser um fugitivo, errante sobre a terra (Gn 4,10-12).

Há mil coisas que causam tristezas, mas brigas em família e ciúmes entre irmãos estão entre as mais entristecedoras e dolorosas. O veneno não só corre no mesmo sangue, mas é ódio debaixo do mesmo teto, é inferno dentro da mesma casa. Aliás, é assim que um renomado autor italiano define, pura e simplesmente, o ciúme: é um inferno. Autores espanhóis falam de "punhal que mata", de "loucura, inferno confuso e incrível verdugo do coração".

Quem já passou ou passa por isso sabe que os ciúmes entre irmãos não são apenas desencontros superficiais, mas, antes, são verdadeiras tragédias que deixam rastros de sofrimentos insuportáveis.

Escritores, como Shakespeare e Machado de Assis, e a psicologia já trataram do assunto, ressaltando a origem dos ciúmes e os desequilíbrios de seus algozes e vítimas. Normalmente, o ciúme é atiçado pela inveja e nasce de um sentimento de carência e rejeição. O enciumado estaria necessitando de um reforço em sua autoestima ou de uma valorização de sua autoimagem.

Na Bíblia, o ciúme aparece em suas primeiras páginas na trágica história de Abel e Caim, mas continua tecendo suas tramoias na história dos irmãos Esaú e Jacó e na venda de José por seus próprios irmãos.

O ciúme não se cura apenas com bons conselhos espirituais que são pródigos, mas ineficientes, na pastoral bem-intencionada de padres e pastores. A religião, conselhos e orações podem ajudar, mas o enciumado precisa de uma terapia mais profunda, precisa ser curado de seus medos de perda e em sua falta de autoconfiança.

Autores escolásticos afirmavam que "a graça supõe a natureza", ou seja, a maturidade humana é o terreno imprescindível e propício para o desenvolvimento espiritual da pessoa. Caso contrário, ela poderá tornar-se vítima do "monstro com olhos verdes", que é como Shakespeare definiu o ciúme.

30
Rosto de criança

E transfigurou-se diante deles. Seu rosto brilhou como o sol e as roupas se tornaram brancas como a luz (Mt 17,2).

Os evangelhos relatam Jesus em três montes: o das Bem-Aventuranças (Mt 5–7); o do Calvário (Mt 27; Mc 15; Lc 23; Jo 19) e o do Tabor (Mc 9,2-13; Mt 17,1-13; Lc 9,28-36).Tanto em Mateus quanto em Marcos, a transfiguração vem precedida com o anúncio da paixão e a exigência de carregar a cruz.

Como deve ter ficado Jesus, com o rosto brilhando como sol e as vestes resplandecentes como a luz? Encantam-nos pessoas assim, com um rosto brilhante e iluminado, e ficamos, como que encolhidos, diante de pessoas com um rosto triste, marcado pelo sofrimento, sem graça e coberto de sombras.

O que faz o rosto humano brilhar é a alegria, a esperança, a novidade do amor, os aplausos da vitória, o calor da amizade, ter um sonho. Até, um bom salário e ganhar na loteria. Somente rostos soturnos, derrotados, perdem o brilho. Mesmo um adulto pode ter, apesar dos tombos da vida, um rosto de criança, irrequieto e fagueiro, como se estivesse às vésperas de uma festa.

Jesus não estava exatamente às vésperas de uma festa e prelibando uma vitória. Pelo contrário. As ameaças dos chefes religiosos de seu povo rondavam sua pessoa e Ele previa que o pior estava por acontecer. Por isso fala de cruz e obediência aos planos de Deus. Mas não perde a graça e o brilho de um rosto de criança.

Como se apresenta nosso rosto? Como estamos nós? Com um rosto soturno, marcado e vencido por uma desgraça, ou, apesar de tudo, uma estranha luz irrompe do fundo de nossas entranhas, só explicada pela fé e pela confiança num poder superior?

Dá para pensar. Às vezes, parece que Deus se faz cruel. Ele nos conduz ao alto de montes que podem ser o Calvário ou o Tabor. Lá não chegamos nem estamos sozinhos. Acompanham-nos amigos. Às vezes, Deus nos conduz ao deserto para sermos tentados pelos mais diversos diabos da vaidade, do orgulho, da impotência, do desamor, da fome de glória, da doença e da idade. Mesmo ali, não estamos sozinhos. Ele e amigos estão ao nosso lado. No Calvário, temos vontade de gritar: "Meu Deus, meu Deus, por que me abandonaste?" (Mc 15,34), ou nos sentirmos felizes, quando, no Tabor, ouvimos uma voz que nos beatifica: "Este é meu filho amado!" (Mc 9,7). Assim é a vida que peregrina por desertos e sobe montanhas.

Desejaríamos sempre sentir o esplendor da proximidade de Deus, o que nem sempre acontece. Deus muitas vezes parece que se esconde e nos sentimos abandonados por Ele e por todos, o que não é verdade para quem tem fé, mas é doloroso para os desejos e medos dos sentidos.

Em qualquer montanha, lá está Ele, torcendo para que nossa musculatura espiritual não se afrouxe. Faz-nos ingerir as vitaminas de suas graças e se deixa entrever fugidiamente diante de nossas súplicas e gritos desesperados.

Não tenhamos medo do deserto, do Calvário, nem só aspiremos por momentos de Tabor. Vida é vida e Deus está em toda ela. Se não resistirmos às tentações, peçamos perdão. Se escutarmos sua voz, agradeçamos. Em todas as ocasiões, ajoelhemo-nos diante de seu poder e providência, descalcemos as sandálias porque o lugar onde estamos é santo, porque está cheio de Deus. Só Ele pode recriar e dar-nos, em definitivo, apesar de nossas fraquezas, um rosto de criança.

31
Transfiguração de Jesus

Ele estava ainda falando quando uma nuvem brilhante os envolveu e da nuvem se fez ouvir uma voz que dizia: "Este é o meu Filho amado, de quem eu me agrado, escutai-o" (Mt 17,5).

As histórias da vida de Jesus não pertencem só a Ele e a vida de Deus resplandece nas histórias das pessoas. Talvez, por isso, a Bíblia seja um livro inspirado, com um autor divino e muitos autores humanos. Nela, as histórias se entrelaçam e as vozes se casam e confundem.

No alto do Tabor, o céu e a terra criaram um momento de amor e intimidade inexcedíveis. Deus se fez sensível, ao falar, e Jesus foi revelado divino e "seu rosto brilhou como o sol".

O mesmo acontece em todas as maternidades do mundo, quando uma mulher recebe nos braços seu filhinho recém-nascido. Quando ela o levanta para o céu e anuncia ao mundo: "Este é o meu filho muito amado", ela se transforma na imagem mais transfigurada do Monte Tabor e se faz a imagem mais perfeita do Deus Criador.

32
Cruz

A doutrina da cruz é loucura para os que se perdem, mas é poder de Deus para os que se salvam (1Cor 1,18).

Por mais exaltante que seja e tenha sido o exemplo do Crucificado, nosso mundo e nós, cristãos, estamos longe de avaliar, condignamente, seu mistério e aceitar sua autenticidade.

Os cargos que ocupamos, as púrpuras mentais e ocasionais que nos cobrem, os dotes que nos aureolam, o *status* do qual desfrutamos, quantas vezes não servem apenas como cortinas de fumaça para disfarçar ou nos desviar da via dolorosa que conduz ao calvário! Falamos sobre a cruz, fazemos discursos e a beijamos, até a carregamos sobre o peito, mas a cruz de Cristo nem sempre tem peso de transformação em nossos atos e vidas.

Mesmo sendo aviltante a imagem do *Ecce homo*, relutamos por encontrar-nos com um Jesus derrotado. Nossa tentação é vencer e proclamar que nossa vocação é ser "como Deus" e não como o "homem das dores". E, no entanto, é ali, diante do corpo sem vida de Jesus, que o homem é chamado, como Ele, nos últimos instantes de sua vida, a um ato de fé. Diante da loucura da cruz, ou o homem vira a cabeça, escarnecendo dele, e, simplesmente, confessando que "tudo acabou!", ou cai de joelhos, adora e reza: Amém, eu creio!

O confronto é inevitável. Cristo não fugiu dele, por mais doloroso que lhe tenha sido, e, a partir de então, é ali, junto à cruz, com Maria, sua mãe, que se adensará ou se renderá indigna a fé de seus seguidores.

Nela, Jesus está: de braços abertos, olhos cerrados, suspenso entre o céu e a terra, silenciado, imobilizado, sem vida, dolorosamente morto. Aos pés de sua cruz, sua mãe, o discípulo amado, e umas poucas mulheres. Ah, e os soldados, jogando dados. Cristo, o mais santo dos santos, o mais justo dos justos, morrendo, e os soldados... jogando dados!

Na cruz se expressa o amor desbordante, incompreensível, apaixonante e louco de Deus pela humanidade. Ele nos amou quando ainda éramos pecadores (cf. 1Jo 4,10). Deu seu Filho em resgate por nossos pecados. Jesus se entregou à morte e morte de cruz para rasgar o documento de condenação que tinha sido lavrado contra nós (Cl 2,13).

Por isso, a cruz é colocada no alto das torres de nossas igrejas, ela preside todas as missas sobre nossos altares, é o primeiro sinal que é feito sobre nós na cerimônia do batismo e será o último a selar nosso corpo na hora da partida. Nós nos marcamos com a cruz antes e depois de tudo que é importante e é a cruz a nossa cruz e a nossa glória. A cruz é o nosso sinal.

Quem não sabe o que fazer com a cruz, não sabe o que fazer com Cristo. São Paulo confessou e anunciou sua fé: "Pois resolvi nada saber entre vós a não ser Jesus Cristo, e este crucificado" (1Cor 2,2). "Quanto a mim, não pretendo jamais gloriar-me a não ser na cruz de nosso Senhor Jesus Cristo" (Gl 6,14). Para ele, a cruz era a sabedoria e o poder de Deus (1Cor 2,5). O apóstolo execra, entre lágrimas, "aqueles que se comportam como inimigos da cruz de Cristo" (Fl 3,18). Para o teólogo São Cirilo de Jerusalém (313-386), "todas as palavras e ações de Cristo são glória da Igreja Católica. Mas a glória das glórias é a cruz".

O drama da Paixão é tão chocante, o sacrilégio que aconteceu é tão horrendo, o deicídio é tão impensável, a morte de Cristo é tão inaceitável e o dia da Sexta-feira Santa é tão santo, que o mundo deveria passar este dia de joelhos.

33
Tomar a cruz

E disse a todos: "Se alguém quiser vir após mim, renuncie a si mesmo, tome a sua cruz cada dia e me siga" (Mt 10,38; 16,24; Mc 8,34; Lc 9,23).

Por sua natureza animal, a vida é uma força selvagem, de uma pujança espantosa, duma majestade apaixonante, duma beleza muitas vezes cruel. O homem é um belo, um belo animal, inegavelmente. Diante do espelho de si mesmo, pode ser levado a idolatrar-se. Idolatrando-se, torna-se uma força equívoca. Para não cair neste equívoco, a pessoa tem necessidade de renunciar a muitas solicitações e desejos, a quebrar, não o espelho que o reflete, mas sua soberba e a vaidosa imagem de sua agraciada realeza. Ou, como disse Cristo, deve renunciar a si mesmo e tomar a cruz aos ombros, todos os dias.

Esta recomendação de Cristo foi tão importante que esteve muito presente na pregação da Igreja Primitiva. Os evangelistas sinóticos fizeram referência a ela quatro vezes e Mateus a cita duas. Ao longo dos séculos, a espiritualidade cristã se esmerou em apontar a ascese da cruz como fundamental para assemelhar-se a Cristo.

Os judeus jejuavam até duas vezes por semana, davam esmolas e rezavam. Os essênios abstinham-se de relações sexuais, renunciavam ao banho e a toda espécie de comodidades. Os filósofos gregos e romanos usavam técnicas para dominar o corpo e as paixões. No cristianismo existe uma pessoa que é o ponto referencial do comportamento penitencial de seus seguidores. Segundo um velho axioma, toda a vida de Cristo foi cruz e martírio (*Tota vita Christi cruz fuit et martyrium*). E é por esta pessoa, o Cristo, que o cristão, "na dor", vive e anuncia a morte do Senhor "até que Ele venha" (1Cor 11,26).

Há os que acreditam poder conquistar o céu à custa de penosas e terríveis penitências. Ledo engano! Diabólica ilusão! O verdadeiro cristão acredita que o céu é pura e imerecida graça de Deus para os que vivem em sua graça, seguindo, como o cego de Jericó, a Jesus alegremente pelos caminhos. O espírito da renúncia cristã, por isso, mais do que um caminho de domínio e sacrifícios em direção ao próprio mundo, é uma luta para sair dele, unir-se a Cristo, em favor dos outros, carregando, como Ele, a cruz todos os dias.

A ascese ou penitência cristã não consiste em mortificar o corpo, no sentido moderno do termo, mas em morti-ficar (fazer morrer) o homem carnal, a carne do dilúvio, em matar o velho adão, para que o novo tome seu lugar. Numa palavra, ela não consiste em renunciar a si mesmo, mas apenas ao eu não intencionado por Deus, enfatuado de orgulho, inflamado de medos, perdido em suas tentações absolutizantes. "Não te recuses a felicidade presente! Não deixes escapar coisa alguma de um desejo legítimo!" (Eclo 14,14).

Escrevi alhures: A verdadeira ascese visa fazer-nos mais livres, levando-nos a viver mais plenamente. Sempre na alegria. Com a cabeça perfumada. Sem neuroses afanosas. Com os olhos pregados em Deus. Longe de azedas condenações. Em alegre esperança. Com os sentimentos de Cristo.

No concreto da vida, tomar a cruz significa não ter medo das opções feitas e das consequências que lhe são decorrentes. Significa não arredar o pé do caminho escolhido. Tomar a cruz significa não fugir do peso das próprias responsabilidades familiares, profissionais e sociais. Significa assumir o que disso resultar, não se vangloriando infantilmente de ser bom, nem se deprimindo inconsolavelmente pelos fracassos.

Tomar a cruz significa aceitar as dificuldades da convivência e a pobreza das pessoas a quem escolhemos amar. Significa uma reconfirmação, apesar de tudo, do nosso sim e dos nossos juramentos. Tomar a cruz significa não se fazer alheio às cruzes dos outros nem surdo aos seus sofrimentos. Significa lutar contra as opressões, solidarizando-se, corajosamente, com os oprimidos.

Tomar a cruz significa viver para a grandeza e aborrecer a rasteirice das coisas feitas sem sangue e coração. Significa não inflacionar o sofrimento, mas lutar contra ele, para vencê-lo, principalmente quando é inútil e decorrente de decisões erradas. Tomar a cruz significa obedecer e identificar-se com Cristo, que se entregou como resgate para a salvação de todos. Significa dar a própria vida como preço de resgate para a vida dos outros. Tomar a cruz significa, enfim, aceitar que nosso amor seja cruz para nós.

A cruz foi considerada objeto de escárnio pelos romanos, de idiotice para os gregos e de escândalo para os judeus. Para nós cristãos, é a sabedoria e a força de Deus. Assim, tomar a cruz, cada dia, significa viver a vida em busca de uma plenitude que alcançou em Jesus, humanamente, seu maior esplendor. Para nós, será apenas um caminho de dor, morte e glorificação, em Cristo, por Cristo e para Cristo.

34
Domingo de Ramos

Trouxeram o jumentinho para Jesus e, jogando suas vestes em cima do animal, fizeram Jesus montar. Enquanto Ele passava, as pessoas estendiam suas vestes pelo caminho (Lc 19,35-36).

Domingo de Ramos, dia da entrada triunfal de Jesus em Jerusalém, Dia de Cristo Rei. Por um lado, é um dia festivo, de exaltação de Jesus, de homenagens ao nosso Salvador. Por outro, hoje começa a Semana Santa, a mais santa das semanas, mas também a mais dolorosa delas, a mais chocante e terrível. Esta semana irá, concretamente, destruir Jesus. Nossas comemorações de Cristo como rei se empalidecem diante dos sofrimentos que estão por acontecer.

Imaginemos o quadro deste domingo. Jesus partira da Galileia para Jerusalém: Ele, com medo, e sob a relutância dos apóstolos. Pedro se atravessara no caminho de Cristo, tentando convencer Jesus de que não deveria ir para a cidade que "matava os profetas e expulsava os homens de Deus" (cf. Mt 23,37; Lc 13,34). Literalmente, quis impedir Jesus de fazer a vontade do Pai. Jesus o afastou rudemente, afirmando que seus pensamentos não eram os de Deus. "Pensas como os homens" (Mc 8,33), acusou-o Jesus, pedindo que se afastasse e não fosse um satanás. E a caravana do medo começou sua caminhada, deixando para trás a tranquilidade da Galileia com suas cidadezinhas conhecidas e familiares como Cafarnaum, Nazaré, Caná, Naim e o Lago de Tiberíades.

Jerusalém representava uma cidade hostil, uma terra estranha, que metia medo. E foi com medo que Jesus e os apóstolos chegaram a Betânia, às portas de Jerusalém, e se hospedaram na casa dos amigos Marta, Maria e Lázaro. Ali sentiam-se seguros, em relativa paz.

Mas o Templo exercia uma curiosa fascinação sobre Cristo que não podia deixar de visitá-lo, ali pregando o Reino, fazendo sinais e enfrentando seus inimigos. E o cerco começou a apertar. Tentaram prender Jesus, porque Ele se equiparava a Deus, falando em nome de Deus, dizendo-se superior a Moisés, o grande líder e fundador da nação judaica. Mas Jesus conseguiu escapar.

Diante, no entanto, do confronto sempre mais inevitável, os discípulos obedeceram a Jesus e armaram a entrada triunfal em Jerusalém. O povo, que já conhecia o mestre nazareno, o taumaturgo de incríveis milagres, aderiu espontaneamente e deu dimensões triunfais a sua entrada em Jerusalém. Descreve o evangelista: "Muitos estenderam seus mantos pelo caminho, outros espalharam ramos que haviam apanhado nos campos. Os que iam à frente e os que vinham atrás gritavam: 'Hosana! Bendito o que vem em nome do Senhor! Bendito seja o reino que vem, o reino de nosso pai Davi! Hosana no mais alto dos céus!'" (Mc 11,9-10).

Toda esta manifestação e festa devem ter servido de algum consolo para a angústia de Jesus e para o medo dos apóstolos. Jesus aí estava como "verdadeiramente homem", procurando fazer a vontade do Pai, mas sem deixar de experimentar o ódio e a sede de vingança que os doutores da lei e os fariseus lhe devotavam por Ele pregar uma religião de libertação e um Deus muito diferente daquele que eles pregavam. Sim, a entrada triunfal em Jerusalém foi importante para Jesus, mas Jesus não se deixou enganar. O povo gritava e aclamava, mas não tinha força e poder.

Poder tinham as classes dominantes, os fariseus, os saduceus, os escribas, os doutores da lei, além dos sacerdotes. Todos eles, contrários à atuação e à pessoa de Jesus. Como sentenciou Caifás, falando aos seus comparsas: "Vós não entendeis nada! Não percebeis que é melhor um só morrer pelo povo do que perecer toda a nação?" (Jo 18,14). O desfecho cruel da vida de Cristo era apenas uma questão de tempo. Ele não podia mais continuar a viver. Ele ameaçava as instituições reinantes e deixava mal, diante do povo, os mantenedores da religião oficial. Assim, a entrada triunfal em Jerusalém serviu apenas para adiar um pouco o dia de sua prisão e de sua morte.

35
O lava-pés da felicidade

Depois derramou água numa bacia e começou a lavar os pés dos discípulos e a enxugá-los com a toalha da cintura (Jo 13,5).

O ritual ou a Cerimônia do Lava-pés, hoje repetido nas igrejas, na Quinta-feira Santa, não é um teatrinho piedoso e inconsequente. O Papa Francisco foi a uma prisão romana para lavar os pés de doze detentos. Nas nossas igrejas não são escolhidas autoridades e pessoas de destaque para esta cerimônia. São escolhidos os pobres, pessoas do povo.

Depois de lavar os pés dos escolhidos, os padres deveriam dizer para eles: Seus pés nunca mais serão os mesmos. Serão pés lavados por Jesus. Seus pés não poderão mais pisar impunemente os caminhos do antievangelho, da injustiça, da discriminação, do desamor e da maledicência, do desprezo e do rancor. Os pés de vocês deverão ser, de hoje em diante, os pés do amor, da consagração ao Reino e da alegria da fraternidade. Serão os pés lavados por Jesus.

Não só os pés de vocês, mas os pés de todos os presentes na cerimônia. Na Igreja, não somos espectadores de arquibancada, descompromissados assistentes de rituais litúrgicos. Os pés lavados poderão ser de uns poucos, mas assumimos todos o compromisso de nos ajoelhar diante dos pés feridos dos pobres, doentes e pecadores.

O Cristo do lava-pés vive em nós e é Ele quem nos ordena: "Dei-vos o exemplo para que façais o mesmo que eu vos fiz. Se compreenderdes isso e o praticardes, sereis felizes" (Jo 15,17). A felicidade humana, a felicidade da Igreja, dos padres que lavam e dos leigos que são lavados, depende de uma bacia de água. É Jesus que garante: "Se compreenderdes isso e o praticardes, sereis felizes". Um professor de Teologia dizia: "O lava-pés é um sacramento. Quem o pratica tem uma promessa divina de felicidade".

36
Amor de mulher

Depois de lavar-lhes os pés, vestiu o manto, pôs-se de novo à mesa e perguntou-lhes: "Sabeis o que vos fiz? Vós me chamais Mestre e Senhor e dizeis bem, porque o sou. Se, pois, eu, Mestre e Senhor, vos lavei os pés, também vós deveis lavar os pés uns dos outros. Dei-vos o exemplo para que façais o mesmo que eu vos fiz. Se compreenderdes isto e o praticardes, sereis felizes" (Jo 13,12-15.17).

Vi muitas vezes minha mãe lavando os pés de meu pai, quando ele voltava, à noitinha, depois de um dia de trabalho, cansado e coberto de serragem. Minha mãe deitava água morna numa gamela, misturava com um pouco de sal grosso, e lhe lavava os pés. A satisfação dos dois era a mesma. Nem ela se humilhava, nem ele se achava superior.

Não sei se esta cena ainda tem lugar em nosso mundo atual. Possivelmente não. Já perguntei nas igrejas se alguma mulher se sentiria inclinada, ainda hoje, a lavar os pés de seu marido. Sempre colhi muitos risos, raramente uma resposta positiva.

Mas, desde quando li, pela primeira vez, o lava-pés relatado pelo velho Apóstolo João, chamou-me a atenção a palavra final: "Se compreenderdes isto e o praticardes, sereis felizes". Alguns biblistas até alertam para o fato de João não reportar a Instituição da Eucaristia, mas de somente dar destaque ao lava-pés. Os outros três evangelistas silenciam sobre o lava-pés.

Segundo estudiosos da comunidade primitiva, a participação dos fiéis na celebração eucarística era de praxe, mas já causava problemas porque os convivas já não lavavam os pés uns dos outros, mas se serviam das melhores comidas nas ceias que as precediam. Em outras palavras, celebravam o Sacramento do Amor sem amar devidamente os irmãos. E o velho Evangelista João denunciava este fato. Para ele, o "partir do pão" era o coração da vida comunitária, mas devia ser acompanhado com o gesto do lava-pés.

Volto à cena de minha mãe lavando os pés de meu pai. Hoje entendo que eles estavam preparados e se preparando para receber o Corpo de Cristo na Eucaristia. Faziam em casa o que Jesus fez no Cenáculo quando se cingiu com uma toalha e se pôs aos pés de seus discípulos. Talvez esteja faltando copiar Jesus na vida das famílias, a mulher lavando os pés do marido, o marido de sua mulher, os filhos de seus pais e os pais de seus filhos. O ensinamento de Jesus é redondo e verdadeiro: "Se fizerdes isto, sereis felizes".

37
Amai-vos!

Eu vos dou um novo mandamento: que vos ameis uns aos outros. Assim como eu vos amei, amai-vos também uns aos outros. Todos saberão que sois meus discípulos, se vos amardes uns aos outros (Jo 13,34-35).

Sempre procuro pensar no que meu pai nos dizia, pois suas palavras, para mim e para meus irmãos, eram e são sagradas.

O que dizer das últimas palavras de Jesus? Com o coração partido, angustiado, Ele ainda janta com seus discípulos. É a sua última ceia. O clima é pesado. Nossa Senhora, ao lado de Jesus, devia estar olhando para seu filho com imensa compaixão de mãe, com o coração querendo sair do peito. Como Jesus, ela sabia que o fim se aproximava. O cerco estava se fechando. Só faltava a ocasião para o desenlace acontecer. E esta ocasião se apresentou com a traição de Judas.

Mas antes que Judas perpetrasse sua traição inimaginável e ignominiosa, Jesus comeu a Páscoa com os seus apóstolos na casa de Maria de Jerusalém, mãe do menino

Marcos, que viria mais tarde a escrever o segundo Evangelho. A um dado momento, Jesus se dirigiu aos seus fiéis e os chamou de "filhinhos". E disse com tristeza, mas com segurança: "Filhinhos, por pouco tempo estou ainda convosco. Eu vos dou um novo mandamento: amai-vos uns aos outros. Assim como eu vos amei, assim também vós deveis amar-vos uns aos outros, porque nisso todos conhecerão que sois meus discípulos, se tiverdes amor uns aos outros".

Se Jesus não tivesse dito outras mil palavras, e só tivesse dito estas últimas, nós saberíamos que nelas está todo o Jesus, o Cristo, o Filho de Deus. Nestas palavras está a alma, o coração, a definitiva e derradeira mensagem de Jesus. Jesus é isto! Este mandamento define Jesus. Tudo o mais pode ser considerado apêndice na vida de Cristo. Estas palavras, não! Estas palavras são Ele. Ele é estas palavras. "Amai-vos uns aos outros, assim como eu vos amei".

Não é preciso alongar-se muito sobre o mandamento deixado por Jesus. Infelizmente, no entanto, devemos dizer que este mandamento, dado em momento tão angustiante e derradeiro, ainda não foi ouvido devidamente por nossas igrejas e pelos seguidores de Jesus. Aplaudimos e festejamos o amor de Jesus, levamo-lo em procissão festiva pelas ruas de nossas cidades, mas não nos amamos uns aos outros como Ele nos amou. Este é o nosso grande pecado. Este é o grande pecado das Igrejas, católica, protestantes, evangélicas e pentecostais.

Nossas igrejas brigam por números, para ter mais fiéis, para serem mais poderosas umas do que as outras. Elas não brigam por amar mais, para tornar mais concreto o mandamento do amor em suas vidas. As igrejas constroem grandes templos, arrecadam quantias absurdas de dinheiro, falam e pregam nos púlpitos, nas rádios e nas TVs, mas se esquecem de obedecer ao definitivo e derradeiro e ao mais importante mandamento de Jesus: "Amai-vos! Amai-vos! Amai-vos como eu vos amei!"

A pergunta que nos fazemos é esta: Quando, finalmente, iremos obedecer ao mandamento do amor deixado por Jesus? E Ele ainda termina seu discurso, afirmando de forma peremptória: "Eu vos ordeno [não apenas 'eu vos dou', mas 'eu vos ordeno'], amai-vos uns aos outros!" (Jo 15,17).

Uma palavra aos padres e pastores: Se não fordes grandes oradores, não vos preocupeis! Se não fordes capazes de grandes pastorais, não vos preocupeis! Se não fordes os líderes que os vossos fiéis esperam, não vos preocupeis!

Deveis, sim, preocupar-vos se não fordes capazes de amar, de dar uma resposta plena e cabal ao último mandamento de Jesus. Se não fordes capazes disso, sereis os mais miseráveis de todas as criaturas, porque não estareis dando ouvido e não estareis obedecendo ao mandamento deixado por Jesus, como confissão e ordem, poucas horas antes de sua morte. Judas traiu Jesus por trinta moedas. Padres e pastores podem traí-lo não obedecendo ao mandamento do amor, sofrido e chorado na última ceia, como suas últimas palavras.

38
O sacramento dos sacramentos

Ao chegar a hora, Jesus se pôs à mesa com os apóstolos e lhes falou: "Desejei ardentemente comer esta Ceia da Páscoa convosco antes de sofrer [...]". E tomando o pão, deu graças, partiu-o e deu-lhes dizendo: "Isto é o meu corpo, que é dado por vós. Fazei isto em memória de mim!" (Lc 22,14-15.19).

Se pudéssemos medir a importância entre os vários sacramentos, a Eucaristia ocuparia o primeiro lugar. Enquanto os sinais materiais (água, óleo, palavra etc.) nos demais sacramentos apenas simbolizam o que se realiza, na Eucaristia a matéria do pão e do vinho não só simboliza a graça, mas sendo a própria graça, é transubstanciada, tornando-se o Corpo e o Sangue de Jesus. Daí, a sua importância maior e sacralidade única. É o sacramento dos sacramentos. A Igreja não pode viver sem ele. Ele é santo e sacrossanto. Nas aparências do pão e do vinho, temos Deus, tocamos Deus e Deus nos toca e alimenta.

Os sacramentos têm, ao menos, quatro características: são eles expressão da fé, da fé que cria unidade; são vínculo de caridade e penhor de igualdade, que cobram solidariedade; são graça, força e alimento, que sustentam a caminhada dos fiéis; e são, por fim, garantia da presença e graça de Deus para a salvação dos que os recebem.

A Eucaristia celebra a vida, a morte e a ressurreição de Cristo e é realizada por mandato expresso dele: "Fazei isto em memória de mim" (v. 19). Em suas celebrações, os fiéis recebem o perdão de Deus, é proclamada a sua palavra e é servido, como alimento, seu Corpo e Sangue. Na Eucaristia ou na missa, só há um tema e uma oração: Jesus, e só uma razão de festa: o próprio Jesus. A missa é, por isso, a melhor e a mais completa oração que os fiéis podem fazer, porque nela eles se unem à oração de Jesus, que é oferecida ao Pai, por Cristo, com Cristo e em Cristo.

O coração do Evangelho é a *koinonia*, termo grego que se traduz por comunidade e comunhão. Jesus é o autor da *koinonia* da nova aliança, que é formada e alimentada por seu santíssimo Corpo. Nela ninguém é mais ou menos, ninguém é grego ou judeu, romano ou gentio. Nela todos são irmãos com igual acesso à mesa da celebração. As funções na liturgia podem ser diferentes, mas o convite é igual para todos. Os comungantes formam uma fraternidade sem barreiras ou privilégios. Unidos a

Cristo e salvos por seu sangue, testemunham ao mundo que os desígnios de Deus são de fraternidade universal e que Cristo veio revelar uma nova ordem, com uma nova e eterna aliança, que tem a Deus como Pai e a todos como irmãos, sem acepção de pessoas.

A *koinonia* é o coração do Evangelho e a Eucaristia é o coração da Igreja e de sua fé. Por isso, Santo Tomás de Aquino (1225-1274) afirmou que ela "é a plenitude da vida cristã". O teólogo luterano A. Stöger emendou: "Na Eucaristia, temos, de forma concentrada, tudo aquilo que Deus fez e deve ainda fazer pelos homens". O Papa João Paulo II explicitou: "É o centro e o vértice de toda a vida sacramentada". "É o centro da unidade da Igreja e o nosso maior tesouro". E ensinou o Concílio Vaticano II: "A Eucaristia contém todo o bem espiritual da Igreja, o próprio Cristo"; "A Eucaristia é o sacramento da intimidade com Deus" e da "divina condescendência".

Concreta e pastoralmente, podemos nos perguntar: Quem pode comungar? Quem tem acesso livre e pleno a este sagrado mistério? Como resposta, eis seus destinatários: quem é e segue Jesus, quem tem fé em Cristo e diz, com consciência, "amém" diante do aparente pedaço de pão que lhe é apresentado na hora da comunhão, quem tem amor, procura viver o Evangelho e está disposto a lavar os pés de seus semelhantes. Belamente, afirmou o Santo Papa João Paulo II: "Na Eucaristia não só somos amados, mas começamos a amar". Pode, outrossim, comungar quem vive em comunhão com a fé professada pela Igreja e com os irmãos, além de quem se considera e confessa "pobre, doente e pecador", quem precisa de misericórdia. Disse o próprio autor da Eucaristia: "Não quero sacrifícios, mas misericórdia".

E quem não deve comungar? Os fariseus satisfeitos e os orgulhosos arrogantes que não precisam de alimento ou perdão; os que não buscam e não se encantam com o Reino de Deus, mas vivem fechados sobre seu próprio mundo e ambições (trabalho exclusivo, materialismos cruéis, lazer desbragado, rancores invencíveis, desejos de vingança impenetráveis). Não devem comungar os que não sabem fazer festa e estragam a festa de amor na vida dos outros e os que são duros de coração e machucam, impiedosamente, o coração de seus irmãos. Não deve comungar quem não tem fé. A missa não é teatro, é oração e memória da vida, paixão, morte e ressurreição de Cristo. Não deve comungar quem discrimina, quem não comunga com Ele.

Jesus é o senhor da grande mesa. É Ele quem ocupa o centro ou a cabeceira da mesa da última ceia e de todas as missas. O padre, por mais santo ou indigno que seja, é apenas ministro, mas é Jesus o Sumo Sacerdote que se serve e nos serve no pão eucarístico. Ninguém, por isso, que crê em Cristo e ama de verdade seus irmãos, ainda que com dificuldades, pode ser impedido de fazer a festa do Corpo de Cristo e dela participar. Deus não só quis criar, mas em Cristo também quer salvar e fazer experimentar sua misericórdia. Somos, por isso, e esta é a nossa glória, criaturas eucarísticas. Quando comungamos, o fiel faz um ato de fé (AMÉM!), e Deus planta dentro dele uma semente divina de imortalidade.

Nem todos comungam o Corpo de Cristo, mas quem o comunga, comunga e se responsabiliza pelos destinos de todas as pessoas que são as destinatárias do Cristo vivo e encarnado. Quem amar os "pobres, doentes e pecadores" é de Cristo e pode comungá-lo.

39
A maior distinção

Pois nele habita toda a plenitude da divindade em forma corporal. Nele tendes tudo plenamente. Nele fostes circuncidados com uma circuncisão não feita por mãos humanas, mas com a circuncisão de Cristo, que consiste no despojamento da natureza carnal. Com Ele fostes sepultados no batismo (Cl 2,9-12).

É uma grande honra, é uma honra régia e divina ser batizado. É a maior de todas as distinções. Outros podem ser filhos de reis. Nós somos filhos do Rei dos reis. Alguém pode ser parente de um vencedor de batalhas. Nós somos irmãos do vencedor da morte. Alguém pode ter sangue azul. Nós temos a graça de Deus e o sangue de Cristo. Um rei pode convidar um súdito para servir em sua corte. Nós somos convidados a julgar as 12 tribos de Israel. Um rei pode conferir honrarias. O nosso Rei eterno nos confere um caráter indelével e a glória eterna. Um rei pode marcar com seu sinete todo o território de seu reino. Nós, os batizados, fomos marcados, circuncidados com uma circuncisão não feita por mão de homens, mas com a circuncisão de Cristo (Cl 2,11-13). Ele nos marcou com a sua cruz redentora.

O batismo não é apenas uma cerimônia menor, um sacramento periférico, sem maior importância. O batismo é o sacramento da noite da Páscoa, quando os catecúmenos ou batizandos são colocados próximos ao círio pascal e são revestidos com a luz do Cristo ressuscitado (Gl 3,27). Soa, então, a voz de vinte séculos da Igreja: "Levanta-te, recebe o batismo e purifica-te de teus pecados, invocando o nome do Senhor" (At 22,16).

Na Carta aos Romanos (6,3-14), destacam-se as seguintes ideias: Quem é batizado é batizado na morte e na ressurreição de Cristo, nele é destruído o corpo de pecado em sua natureza pecadora, ele recebe uma natureza de santidade, ou seja, divina, e passa a estar sob o regime da graça, e não mais da lei. Daí ter dito João Batista: "Quem me enviou para batizar com água me disse: Aquele sobre quem vires descer o Espírito e permanecer, este é que batiza no Espírito Santo" (Jo 1,33).

O batismo realiza uma transformação espiritual radical na vida da pessoa. Na verdade, quem é batizado "renasce na água e no Espírito Santo" (Jo 3,5). A água é apenas a imagem da regeneração básica, purificando a pessoa da mancha do pecado original, enquanto que o Espírito Santo é o elemento qualificador, de excelência, presenteando o batizando com a natureza da vida divina.

Quem é batizado assume o projeto do Espírito de Deus que fez Jesus nascer no seio da Virgem Maria. O batizado, por isso, terá a vida toda para fazer Jesus nascer em si. E isso, dentro da Igreja, que é a imagem do útero de Maria. O batismo incorpora-nos em Cristo que se incorpora em nós, incorpora-nos na Igreja que nos alimenta e para a qual somos alimentados, consagra-nos a Deus, com o qual juramos querer ser santos como Ele é santo, envia-nos ao mundo para sermos "sal, luz e fermento" e destina-nos à glória da Santíssima Trindade.

Não há distinção maior do que sermos filhos de Deus, marcados, por sua mão, com o selo da circuncisão do novo povo fiel.

40

Condenação

E o povo gritava com mais força: "Seja crucificado!" (Mt 27,23).

Este é um capítulo incompreensível na biografia de Jesus. Não dá para entender como o mesmo povo que o vira e se beneficiara dos portentos realizados por Ele, que acompanhara, em Betânia, o milagre único e surpreendente da ressurreição de Lázaro; não é admissível que o mesmo povo que fora curado de todo tipo de doenças e libertado de pequenas leis inúteis, que este povo que comera de sua mão e que o admirava porque Jesus "falava como quem tinha autoridade", tendo-o aclamado uma semana antes, nas ruas de Jerusalém; não é compreensível que este mesmo povo, certamente manipulado pelas autoridades políticas e religiosas da nação, tenha preferido um bandido, Barrabás, a Ele.

Quase não dá para entender. Tudo isso só é minimamente compreensível se nos voltamos sobre nós mesmos, para constatar que, muitas vezes, também não nos entendemos. O ser humano parece uma biruta que pode, a qualquer momento, mudar de posição pela ação dos mais variados ventos. O que parece não mudar são suas pretensões egoístas, medrosas, rasteiras, o ser humano sempre tentado por interesses mesquinhos. O ser humano tem um estômago grande sempre faminto e um coração frágil e inconstante. Hoje participa da multiplicação do pão, enche a barriga, pula e canta de alegria por ver-se livre de sua lepra, e amanhã continuará escravo de quem o engana com o benefício de uma esmola humilhante para sua dignidade.

Pobre povo! Sem caráter, sem grandeza, avesso ao mandamento da honradez! Nós, seguidores de Cristo, estamos com Ele em sua entrada triunfal em Jerusalém e no sofrimento de sua via dolorosa. Não dá para, num dia, aclamá-lo com hosanas e aplaudi-lo como rei, e, no outro, condená-lo e pedir, impiedosamente, sua crucificação. Nem a dele, nem a dos outros, nossos semelhantes e benfeitores.

Mas isso parece acontecer com certa frequência. Nós mesmos manipulamos nossos sentimentos, por anemia espiritual. Aplaudimos um dia, pedimos a morte no outro. Relutamos em abdicar de pequenos egoísmos e de vaidades sem vergonha. Amanhã podemos até nos arrepender, mas não primamos pela fidelidade às nossas admirações. Infelizmente, tristemente, miseravelmente. É mais fácil gritar contra um justo do que colocar-se a seu lado. Que ele morra "pela nação". Amanhã, o esqueceremos sem remorsos e sem lamentar-nos. Apenas diremos, na piedade: Que descanse em paz!

41
Traição e covardia

Então todos os discípulos o abandonaram e fugiram (Mt 26,56b).

Um povo pode ser manipulado por interesses escusos. Não é difícil levar uma massa a se insurgir contra situações injustas e promessas quiméricas. Haja vista o que aconteceu ao culto povo alemão, fascinado e seduzido pela retórica de um orador despótico, doentio e cruel, às vésperas da Segunda Guerra Mundial. Este é o exemplo recente mais eloquente e chocante de que temos conhecimento, sem esquecer-nos de Hugo Chávez e Fidel Castro, mais próximos, ambos líderes carismáticos e de retórica incendiária.

Mas o povo romano também foi conduzido a pedir, em massa, a morte de cristãos inocentes e bons cidadãos por um imperador psicopata. Nas revoluções da América Latina, milhões de pessoas se assustaram com a ameaça, real ou falsamente insuflada, do perigo comunista. Em países modernos, praticam-se genocídios em defesa de um Profeta, em nome da pureza de uma doutrina ou de um livro sagrado.

Na Bíblia, as panelas de carne do Egito levaram o povo a se insurgir contra Moisés e Aarão e a dançar, como adolescentes imaturos, diante do bezerro de ouro. Mas, no desfecho da história de Cristo, os discípulos, levados pelo medo, passaram um triste atestado de covardia e falta de presença e coragem. Pedro e Judas foram apenas os dois que se comportaram da forma mais visível e lamentável. Um o traiu e se enforcou, enquanto que o outro negou, por três vezes, ser discípulo de Jesus e, depois, chorou amargamente.

Doloroso para Jesus foi que seus amigos dormiram quando Ele mais precisava de companhia, o rejeitaram e mentiram sem pejo nem rebuços. A rejeição é o sentimento mais agônico a ser sentido quando praticado por pessoas da própria convivência e família. É uma antecipação da morte pela via do abandono e condenação, por covardia e falta de caráter por quem a pratica.

Debaixo da cruz de Jesus ficaram apenas Maria, algumas mulheres e o discípulo amado. Os homens parecem ser, mais do que as mulheres, mais interesseiros e fracos, mais propensos à traição e negação de seus deveres humanos. Escolhem salvar a própria vida a comungar com a morte de quem está perdendo a sua. Judas não teve tempo para sofrer a traição. Pedro deve ter sofrido até a própria crucificação pela poltronice de sua negação. Ele negou por ser fraco. Judas traiu por ser ambicioso e argentário. Ambos não tiveram caráter e não foram amigos para valer de Jesus, na vida e na morte.

42
Maus-tratos e crucificado

Com Ele crucificaram dois bandidos: um à direita e outro à esquerda. Também os que foram crucificados com Ele o insultavam (Mc 15,27.32).

Depois da descrição dos maus-tratos sofridos por Jesus; depois de ouvir as mentiras que assacaram contra Ele; depois de ouvir aquele povo que Jesus tinha curado e amado, aquele povo que Jesus libertara da escravidão da lei e dos doutores e fariseus, gritarem contra Ele, pedindo sua condenação e morte; depois de acompanhar a solidão em que Jesus se encontrava, sem que ninguém lhe pudesse valer, em seu total desamparo; depois de presenciar, horrorizados, a covardia do julgamento de Pilatos, um governador romano que lavou as mãos, pretendendo inocentar-se, mesmo cometendo a injustiça de condenar quem não tinha culpa; depois de ver Pilatos entregar Jesus "à vontade deles"; depois de acompanhar Jesus na via dolorosa, caindo e se levantando, e tendo que ser ajudado por certo Simão de Cirene; depois de escutar as chacotas dos soldados e sofrer a satisfação dos chefes da crucificação; depois de ver Jesus envolto em trevas e dando um forte grito ao entregar seu espírito ao Pai; e depois de ver como Jesus de fato morria, parando até o sol de brilhar; depois de tudo isso, que mais podemos dizer?

Diante deste quadro doloroso e macabro, sonorizado pela batida dos martelos cravando os pregos em suas mãos e pés, qualquer palavra será sempre insuficiente para reforçar o horror do fim da vida de Jesus; qualquer palavra será sempre pouco e pobre para descrever a tristeza que se sente, a comiseração que experimentamos e nossa incompreensão diante da crucifixão do Filho do Homem e do Salvador da humanidade.

Infelizmente, Jesus morreu. Tinha que morrer para perdoar e salvar aqueles que o crucificavam e todos os homens.

Lembro-me do louco Nietzsche que corria pelas ruas e praças de sua cidade, gritando: "Deus morreu! Deus morreu!" até que a praça estivesse lotada. Ele, então, num último esforço e por uma última vez, ainda gritou: "Deus morreu! Morreu de paixão pelos homens!"

Que mais podemos agora dizer, senão rezar? Querido Jesus, te proclamamos nosso salvador. Não queremos, como os apóstolos, deixar-te sozinho na cruz. Não podemos salvar-te, quando nem teu Pai te salvou. Mas não te abandonaremos. Tu és o nosso Caminho. Perdoa os nossos pecados e recebe o nosso amor! Tuas palavras na cruz são sagradas para nós. Em nossos sofrimentos e cruzes, também não esqueceremos teu último ato de fé, entregando teu Espírito ao Pai! Se pudéssemos, te abraçaríamos e beijaríamos teus pés e teu corpo crucificado. Na vida e na morte, aconteça o que nos possa acontecer, somos teus! Queremos ser teus! Teu é o nosso coração, e nunca esqueceremos de ti, transpassado pela lança, porque Tu és a vida de nossa vida. Tu és nosso Salvador.

43
Aos pés da cruz

Junto à cruz de Jesus estavam de pé sua mãe, a irmã de sua mãe, Maria de Cléofas, e Maria Madalena (Jo 19,25).

Os sofrimentos de Jesus, em sua paixão, são tão intensos e assombrosos, que os sofrimentos de Nossa Senhora acabam ficando um pouco esquecidos e na sombra. Mas devem ter sido terríveis, quase insuportáveis. Só uma mãe poderá avaliar condizentemente o que ela sofreu e sentiu quando viu seu filho condenado, açoitado e seviciado, pregado na cruz e gritando de dor.

Nossa Senhora acompanhava, já há algum tempo, com algumas piedosas mulheres, as nuvens sombrias que iam se armando sobre o itinerário de Jesus. Com coração de mãe, sabia que os gestos de Jesus (a expulsão dos vendilhões do Templo, sua entrada triunfal em Jerusalém, suas declarações fazendo-se como Deus e, principalmente, a confrontação aberta e acirrada contra os doutores da lei e os donos da religião) não iam terminar bem. Sabia, mas sentia-se impotente. Pode até ter falado com Jesus sobre estes fatos, mas não tinha como impedir que eles se precipitassem no desfecho da condenação e do caminho da cruz.

Veio depois a via dolorosa e o encontro com um Jesus destruído e desfigurado. Que mãe suportaria tal encontro e não preferiria fugir dele? Aí se fez concreta a palavra de Simeão: "Uma espada atravessará tua alma" (Lc 2,35). E tudo terminou com Maria aos pés da cruz, escutando as marteladas nos pregos, os gritos de dor de Jesus, as contorções de seu corpo, os estertores do supliciado, a morte lenta e ignominiosa, o desespero e o abandono, além das zombarias dos que cantavam vitória.

Pobre mulher, que a piedade cristã chamou de *Mater Dolorosa* ou de Nossa Senhora das Dores! O consolo das outras mulheres, que a acompanhavam, foi-lhe de pouca valia. Mesmo depois da morte de seu filho, ela não teve ânimo para abandoná-lo. Ficou aos pés da cruz, até que José de Arimateia fizesse descer o corpo de Jesus, entregando-o a ela, compondo o imortal quadro da *Pietà*, eternizado, em mármore, por Miguelângelo.

Depois de enterrado, Maria não deve ter dormido. Que mulher dormiria depois de tanto sofrimento? Deve ter chorado muito. E rezado, pedindo a Deus que recebesse seu filho e lhe desse a felicidade que ela não pôde lhe dar. Mal sabia Nossa Senhora que Jesus estava descendo aos infernos e que, três dias depois, na manhã do primeiro dia da semana, Ele haveria de ressuscitar, aparecendo, com certeza, a ela em primeiro lugar. O final foi feliz, mas quanta dor antes que isso acontecesse!

Gostaria de dizer uma palavra às mães que sofrem por seus filhos. O sofrimento de vocês merece todo o respeito. Chorem! Deixem que seu coração esteja em seus olhos cheios de lágrimas. De nossa parte, como as mulheres que acompanharam Maria, lhes oferecemos o nosso ombro, a nossa presença, as nossas pobres palavras de consolo. Mas lhes oferecemos também a nossa fé. Filhos mortos, os seus filhos, já estão, agora, na Casa de Deus. Na Casa de Deus "não há sofrimentos, lágrimas e morte". Nele e com Ele só há paz, felicidade, alegria, festa e banquete. E há o seu abraço. Ele estará abraçando aqueles que partiram, que vocês e nós já não podemos mais abraçar. Mas estarão todos eles nos esperando para aquele abraço de felicidade do qual as promessas de Deus são verdade e eterno avalista.

44
Jesus recrucificado

Então Pilatos entregou Jesus a eles para que fosse crucificado (Jo 19,16).

Primeiro, a traição de Judas, depois a negação de Pedro e a covardia dos apóstolos, e, por fim, a injustiça grosseira e política de Pilatos. "Não encontro nele crime algum" (v. 18), mas "mandou flagelá-lo" (19,1).

Pilatos foi uma figura tíbia e diplomática, sem caráter, um político de conveniências. Julgava corretamente, mas agia sob medo e covardemente. Não podemos ser como ele, nem como os sumos sacerdotes, possuídos também de medo e de ódio.

Hoje, não podemos recrucificar Jesus dentro e fora das nossas igrejas. Jesus é recrucificado na observância de pequenas leis e preceitos, ao arrepio da lei maior do Evangelho e do amor pastoral para o povo de Deus. É recrucificado nas rezas e cantos dentro das igrejas, quando nos fazemos maldição para a vida dos pobres e aflitos, doentes e excluídos da sociedade. É recrucificado quando o ódio vence o amor, quando corações de pedra ferem corações sofridos. É recrucificado quando levantamos as mãos para o céu e fechamos os punhos aos vizinhos e às pessoas da própria casa. É recrucificado quando usamos a Bíblia como arma, esquecendo-nos de que é Palavra de Salvação. Jesus é recrucificado quando deixamos de ser irmãos e não vemos nos pobres os "prediletos de Deus". Jesus é recrucificado na vaidade das autoridades civis ou eclesiásticas, quando elas se comportam "como Deus". As recrucificações podem ser muitas, mas a tristeza é sempre a mesma.

Pilatos foi medroso, covarde e injusto, além de interesseiro. Não olhou para a repercussão íntima de seu gesto. Apenas exerceu o poder para satisfazer o medo e o ódio da plebe manipulada. Lavou as mãos, mas sujou para sempre o próprio nome. Entrou para a história como aquele que não salvou o Filho do Homem, mas o entregou para ser crucificado.

E nós? Qual será o nosso destino e o veredito da história sobre nossas atitudes e decisões? Podemos ser como Pilatos, como os sumos sacerdotes, como Judas ou Pedro, ou ser como Maria e as corajosas piedosas mulheres que acompanharam Jesus até o fim, choraram impotentes por Ele, e, depois, tiveram o privilégio de anunciá-lo vivo e ressuscitado. O que não podemos é recrucificar Jesus, mas permanecer, na fé, a seu lado e ao lado dos crucificados do nosso tempo.

45
Oração a Jesus crucificado

Já era quase meio-dia quando toda a região ficou coberta de escuridão até às três da tarde. O sol escureceu e a cortina do Santuário se rasgou ao meio. Clamando com voz alta, Jesus disse: "Pai, em tuas mãos entrego o meu espírito". Dizendo isto, expirou (Lc 23,44-46).

Querido Jesus, nossos olhos, cheios de lágrimas, não querem acreditar,
mas aí estás, entre o céu e a terra, morto e derrotado.
Hoje é Sexta-feira Santa, e mal completastes 33 anos de vida.
Tinhas visto apenas repontar as primeiras sementes do Reino,
quando uma morte trágica interrompeu teus sonhos.
Entre dois ladrões, traído e negado por teus discípulos,
abandonado por teu Pai e pelo céu,
apenas acompanhado por tua mãe e umas poucas mulheres,
morreste sem graça e sem apelação.

Estamos ainda ouvindo teu grito de desespero:
"Meu Deus, meu Deus, por que me abandonaste?"
Este grito ficou sem resposta, apenas pendurado no vazio, e teu fim só foi iluminado por um doloroso ato de fé:
"Em tuas mãos, ó Pai, entrego meu espírito! Tudo está consumado!"

Aos pés de tua cruz, entre estupefatos e cheios de perguntas,
sentimo-nos mergulhados na incompreensão dos fatos.
Se eras o Deus vivo, por que tinhas que morrer?
Se tinhas que morrer, por que tiveste que sofrer tanto?
Se eras o enviado de Deus e o adorado pelos anjos,
por que foste abandonado pelo céu e amaldiçoado pela terra?

A humanidade permanece muda diante dos desígnios de Deus.
Por que Deus permitiu que seu Filho sofresse e morresse?
Por que fazê-lo gritar de dor, sem socorrê-lo?
Por que permitir tal desespero, se Ele fora criado como esperança?
Por que reduzi-lo ao silêncio, se Ele era o Verbo de Deus?
Que respondam o céu, as nuvens e os abismos mais profundos da terra.

Se Jesus tinha uma mensagem de vida e salvação para a humanidade,
por que tinha Ele que morrer crucificado, como um celerado?
Por quê? Por quê? Por quê?,
Nosso espírito não encontra respostas para tantas perguntas.
Te pedimos, fala, Jesus!

Meus queridos irmãos e irmãs:
A paz esteja com vocês!
Por que devo ainda falar, se minha cruz é a palavra de Deus?
Como criatura, filho de Maria e da graça de Deus,
também perguntei-me muitas vezes por quê?
Sabia que meu Pai tinha misteriosos desígnios
e aceitava que a cruz fosse uma possibilidade.
O documento que tinha sido escrito contra a humanidade
tinha que ser rasgado e o seria na cruz.
Foi por isto, só por isto, que aceitei, mesmo desesperado,
fazer sua vontade e não desci da cruz.

Hoje, confesso-lhes, valeu a pena.
De agora em diante, a fronte de cada pessoa
ostenta um selo salvador de preço inestimável e eterno.
Minha cruz passará para a história
como instrumento da salvação de Deus.

Quem olhar para ela e invocar meu santo nome será salvo.
Quem a desprezar estará, infelizmente, condenado.

A paz, eu a trouxe, a paz eu a conquistei.
Deus me glorificou e exaltou diante dos anjos e dos homens
e, em breve, estarei assentado, à sua direita, num trono de glória.

Proclamem a seus irmãos e a todo o mundo que ressuscitarei
e que todos os homens de boa vontade podem fazer a festa da vida
e cantar a misericórdia de Deus.
O demônio se encontra definitivamente amarrado
e já não poderá mais fazer mal a ninguém.

Esta é a vitória da cruz. Esta é a vitória do amor de Deus.
Meu sepulcro ficará vazio.
A morte deixou de ser um espantalho
e todos os cemitérios do mundo
serão apenas a porta de entrada para a nova vida
e um jardim onde começa uma eterna e feliz páscoa.

Querido Jesus, nosso bom Deus e Senhor,
nós te agradecemos e cremos em tuas palavras,
confessamos teu poder e dizemos "amém" a Deus por teu amor.

As incertezas de nossas dúvidas serão invadidas pela luz do dia,
nossos pés dançarão, novamente, de gozo e felicidade
e, com alegria e sempre iluminados pela fé,
abrimos, felizes, nossos braços para a amplidão do céu.

Tu és o Cordeiro de Deus que tira o pecado do mundo!
Tu és o Caminho, a Verdade e a Vida santa e plena!
Tu és a paz que buscamos e o canto que nunca deixaremos de cantar!
Tu és o Rei dos reis, o Senhor dos senhores,
a glória do Pai, o pão dos anjos, a recompensa dos justos e a festa da vida.

E nós somos e seremos teus seguidores,
arautos cativos de tua vitória sobre a morte,
seguidores do teu Evangelho, na vida e na morte.

E te prometemos aos pés da cruz e diante de teu corpo crucificado,
sempre lutaremos contra todo tipo de morte,
contra a fome, a miséria e a exploração de qualquer irmão,
para que ninguém nunca sinta vergonha por não ter pão e trabalho,
nem tristeza por falta de companhia e compreensão.

Lutaremos para que a vida seja, para todos, vida e não morte.
Em nome da justiça, lutaremos contra perseguições injustas,
para que ninguém seja cruelmente trocado por Barrabás
ou coroado de espinhos e vilipendiado em sua dignidade.

Conhecemos e sabemos como foi a tua história:
Passaste pela vida fazendo o bem e pregando o Reino.
Curaste os doentes e multiplicaste o pão para o povo.
Não condenaste os pecadores, mas abençoaste os humildes
e encheste de esperança o desespero da morte.
Como os apóstolos, não deixaremos de anunciar, ao mundo,
que a mão de Deus te ressuscitará verdadeiramente.

E porque amaste a vida e deste tua vida em redenção de todos,
também viveremos e serviremos ao milagre da vida,
honrando tua vida e a vida de todos os nossos irmãos.

Mesmo com os olhos cheios de lágrimas
e sofrendo com tua mãe, te agradecemos.
Em nossa pobreza, mas cheios de confiança e alegria,
a ti oferecemos o que somos e temos,

nossa vida e a tão temível morte,
a vida que ainda temos e o sepulcro que nos espera.

Quando a pedra tumular, Jesus, for colocada, definitivamente,
sobre a campa de nossa última morada,
encerrando nossa peregrinação e selando nossa sorte temporal,
que tua palavra criadora nos acorde com tuas divinas promessas
e que teus braços nos apertem, fortemente, num grande abraço,
de glória, de festa, de felicidade e de páscoa eterna.

Hoje, aos pés de tua cruz, queremos apenas estar contigo,
abraçando e beijando teu corpo santo e sacrossanto,
e confessando que és a vida da nossa vida, Tu és nosso Salvador.

46
Páscoa

De manhã cedo, no primeiro dia depois do sábado, ao nascer do sol, elas (as mulheres) foram ao túmulo. Diziam entre si: "Quem nos vai remover a pedra da entrada do túmulo?" Mas quando olharam, viram a pedra removida; e era uma pedra muito grande (Mc 16,2-4).

No Dia da Páscoa, as mulheres correram para o sepulcro para embalsamar o corpo de Jesus com unguentos e aromas perfumados. O amor tem pressa, corre, como fez o pai do Filho Pródigo quando o viu voltando para casa. Mas elas (as mulheres) se perguntavam: "Quem nos removerá a pedra?"

Seus maridos continuavam dormindo (era ainda cedo, de madrugada!), os apóstolos tinham fugido e os guardas lá estavam para impedir que o corpo pudesse ser roubado. Poderíamos nos perguntar: Quem removerá as pedras do sepulcro em que estão enterrados, quem sabe?, nossas tristezas familiares, um amor perdido, ódios antigos, um emprego sonhado e difícil, nossa idade e doenças? E a mesma voz dirá: "Eu, Deus! Eu removerei a pedra, todas as pedras!"

E as pedras serão removidas com a sua graça e por seus anjos, e nós sairemos para o jardim pulando de alegria, cantando, perfumados e proclamando, como Jesus: "Estou vivo! Ressuscitei!" Que isso aconteça na vida de quem está diante de uma pedra aparentemente "muito grande". Basta permitir que Deus aja. Afinal, foi Jesus quem disse: "Não temais!"

47
Domingo de Páscoa

O outro discípulo que chegou primeiro entrou também, viu e creu (Jo 20,8).

A ressurreição de Jesus é mais incompreensível do que sua paixão e morte. Morrer todos morrem, mas ressuscitar só Cristo ressuscitou.

Nós, sacerdotes, que estamos acostumados com o exercício da palavra, seja para refletir, seja para pregar o Santo Evangelho, embatucamos diante da ressurreição de Cristo e ficamos sem palavras. Tartamudeamos. Como reproduzir com palavras o maior de todos os milagres? Como pintar, com os artifícios da retórica, a mais inesperada e fantástica das graças: a vitória de Cristo sobre a morte?

Talvez um paralelo nos ajude a compreender o que as palavras não chegam a bem expressar. Imaginemos que uma pessoa muito querida, a mais querida de todas as pessoas de nossa vida, sem a qual, pensamos sinceramente, não poderíamos viver, pois a admiramos sobremaneira, gostamos de estar com ela, olhamos para ela com supremo enlevo, ela é tudo para nós. Numa palavra, gravitamos em torno dela e parece-nos que ela é a razão da nossa vida. Talvez uma mãe entenda esse exercício, pensando em seu filho único.

Imaginemos que tal pessoa viesse a morrer. Quanta tristeza! Que desconsolo! Nosso coração ficaria pequeno, cheio de lágrimas, uma dor só. Olharíamos para todos os lados, para os outros, e em tudo e em todos só veríamos tristeza e impotência. Com certeza, nos recolheríamos à solidão, tendo apenas as lágrimas por companhia, apenas a saudade por lembrança.

Pois bem, continuemos a imaginar. Imaginemos que três dias depois de enterrá-la e de chorá-la sem consolo, viesse alguém correndo nos anunciar: "Não chore mais! Ela ressuscitou! Ela está viva! Já apareceu a muita gente, muitos já a viram, ninguém mais está chorando, ou todo mundo, agora, está chorando não de tristeza, mas de alegria!"

Pois foi isso, exatamente isso, que aconteceu com Jesus de Nazaré. Foi chorado como morto, mas três dias depois apareceu como vivo e ressuscitado, arrancando lágrimas de felicidade e abraços de alegria.

As pessoas não cabiam mais em si de tanta alegria. Uns comunicavam aos outros a alegria da ressurreição de Jesus. Todos tinham os olhos irradiantes pela surpresa e ficaram literalmente boquiabertos. Não queriam acreditar na notícia ou no anúncio. E Jesus mostrou-se a eles com uma mensagem de Paz: "Não temais! Sou eu, Jesus de Nazaré! A mão onipotente de meu Pai me ressuscitou! Estou vivo! A paz esteja convosco!"

É esta a festa que celebramos no Dia da Páscoa, que deixam embatucados os padres e surpresos todos os fiéis nas igrejas. Não há palavras justas para descrevê-la. A única coisa que nos sobra é a de correr para o sepulcro, como Pedro e como João. Como Pedro, arregalar os olhos e ver os panos que cobriram Jesus morto dobrados e, como João, entrar, ver e fazer um ato de fé. Imagino que Pedro e João se entreolharam e voltaram correndo ainda mais para Jerusalém para dar a boa notícia. Lá já se encontravam as mulheres que foram as primeiras anunciadoras da ressurreição de Cristo. Estas tiveram a graça da visão dos anjos. Os apóstolos, como nós, tiveram apenas a pressa do fato e o desafio da fé.

48
O fim das incertezas

De fato, eles ainda não tinham compreendido a Escritura, segundo a qual Ele devia ressuscitar dos mortos (Jo 20,9).

Foi difícil, para os discípulos, acreditar no Cristo ressuscitado. Pedro disse que iria pescar, pois o fim de Jesus era o fim de suas expectativas. Dois discípulos já iam voltando para suas casas, talvez em Emaús. Tomé foi o mais renitente: "Se não vir nas mãos a marca dos cravos, e não puser meu dedo no lugar dos cravos e minha mão no seu lado, não acreditarei" (Jo 20,25). No Cenáculo, sala com pouco mais de 20 metros quadrados, os discípulos, quando apareceu Jesus, achavam que estavam vendo um fantasma.

Mas, na Páscoa, nossas incertezas foram invadidas pela luz do dia, nossos pés dançam de felicidade e podemos abrir os braços para a amplidão dos céus. A morte deixou de ser um espantalho e todos os cemitérios do mundo são apenas uma porta de entrada para a nova vida e um lugar abençoado de uma Feliz Páscoa.

Principalmente nós, cristãos, mas também todas as pessoas que creem ou trilham os caminhos do bem, somos chamados a lutar contra todo tipo de incertezas derradeiras. Não podemos deixar Jerusalém, levados por julgamentos apressados, mesmo diante das injustiças do mundo, das tragédias e fatalidades incompreensíveis, das mortes sem sentido, das misérias inaceitáveis e da exploração cruel de qualquer pessoa, para que ninguém sinta vergonha por não acreditar, por falta de trabalho e de pão, na redenção final.

Todas as pessoas que creem, explícita ou implicitamente em Deus, temos que lutar, em nome da ressurreição de Cristo, em favor da vida, para que ninguém morra indecentemente. Temos que lutar em favor da Paz, para que não haja mais guerras absurdas e estúpidas. Em favor do Bem, para que o mal, finalmente, não vença. Em favor da Justiça, para que ninguém mais prefira Barrabás a Jesus.

A grande mensagem da Páscoa é a exaltação do milagre divino da vida. Que Cristo, na hora de nossa morte, nos acolha por termos sido bons pastores da vida, que Ele nos acorde com suas promessas e que seus braços nos apertem, fortemente, num grande abraço de glória, de felicidade, de vida e de Páscoa eterna. E que, assim, vençamos todas as incertezas que nos intrigavam em vida.

Porque Cristo ressuscitou verdadeiramente, benditas sejam as trevas da fé, benditas sejam as cruzes da vida, benditos sejam os medos da morte. Podem apagar-se todas as luzes dos nossos olhos, menos a do círio pascal que anuncia: Cristo é a nossa Luz, Ele é a Luz de Deus! Aleluia!

49
Crer e repartir o pão

Disse Jesus a Tomé: "Põe aqui o dedo e olha minhas mãos, estende a mão e põe no meu lado, e não sejas incrédulo, mas homem de fé" (Jo 20,27).

Nos relatos sobre a ressurreição de Jesus há duas verdades emblemáticas, que se casam, entre outras, em termos de recomendação pastoral. A primeira é que são bem-aventurados os que creem sem terem visto. Jesus censurou o Apóstolo Tomé: "Porque me viste, acreditaste. Felizes os que não viram e creram" (20,29).

Na verdade, quando os evangelhos e os Atos dos Apóstolos foram escritos, entre os anos 50 a 90, muitos tiveram dificuldades de crer e começaram a duvidar da ressurreição de Jesus, pois a ressurreição de Cristo era tão inexplicável e incrível quanto extraordinária. Nunca, em tempo algum, alguém havia ressuscitado. Sócrates, Platão, Aristóteles, Eurípides, Péricles, Epaminondas, todos gregos, e heróis romanos, egípcios e macedônios, nenhum deles, embora poderosos e admirados, tinha ressuscitado. Por isso, não havia como estranhar que os ouvintes do anúncio da ressurreição de Jesus se perguntassem: "Será mesmo que Cristo ressuscitou?" Aí, a admoestação de Cristo a Tomé e o anúncio da bem-aventurança aos que acreditavam sem terem visto.

A segunda verdade era a de que só os que repartiam o pão teriam a graça de crerem no Cristo vivo e ressuscitado. Em outras palavras, para ver a Cristo era preciso ver o irmão necessitado. Por isso, os discípulos de Emaús só reconhecerem Jesus "ao partir do pão". Este partir do pão era uma Eucaristia e condição para acreditar na ressurreição.

A ressurreição de Jesus abre para os cristãos um compromisso de caridade. Sem caridade, sem repartir o pão com os mais pobres e necessitados, não dá para ver e crer em Jesus. Fé sem ver Jesus e o pão da caridade repartido com os irmãos são dois dogmas que tornam real e verdadeira a festa da Páscoa e da felicidade cristãs. A verdadeira Igreja de Cristo tem esta dupla verdade: crê no Cristo vitorioso e convive, na caridade, com os famintos.

Para acreditar em Cristo é preciso encontrá-lo pela fé que não vê. E Cristo só pode ser visto, saindo de si, repartindo o pão com os irmãos. Sem caridade, não dá para acreditar em Cristo e não dá para acreditar em Cristo sem fé.

Fé e caridade são os dois traços característicos dos que têm a graça de serem seres pascais. Só se chega à ressurreição por estes dois caminhos: pela fé e pela caridade. Pela fé que crê em Cristo sem duvidar de sua ressurreição e pela caridade, sem parcimônia, que reparte o pão com o pobre.

Cristo está no pobre. "Quem der um copo de água ao mínimo de meus seguidores, disse Jesus, é a mim que estará dando". Creiamos, por isso, em Jesus, cegamente, sem vê-lo e vejamos a Cristo nos pobres, que são seus amigos preferidos e os prediletos de Deus.

50
O caminho dos desiludidos

Nós esperávamos que fosse Jesus quem iria libertar Israel. Agora, porém, além de tudo, já se passaram três dias desde que as coisas aconteceram (Lc 24,21).

Emaús é o caminho dos desiludidos, dos decepcionados, dos frustados, dos que esperavam pelo sucesso e acabaram confessando: "Tudo terminou. É o fim! Jesus está morto e enterrado". É o caminho do abandono de Jerusalém e do retorno à própria casa.

E, no entanto, foi o caminho de Deus, para aqueles que estavam "cegos" (e não viam que Jesus estava com eles) e dos "surdos" (que não reconheceram o timbre de sua voz). Foi preciso que Jesus partisse o pão e os alimentasse com seu corpo.

E na nossa vida? Qual é o caminho da nossa Emaús? Vamos, também nós, abandonar a Jerusalém de Deus, a família, o casamento e entregar os pontos diante de uma doença ou de um amor perdido?

Deus está conosco em qualquer caminho que façamos, seja de desilusões ou frustração, seja de sonhos e promessas. Abramos os olhos para vê-lo e o coração para reconhecer sua voz. Se o convidarmos a entrar no nosso albergue, Ele nos convidará para partilhar o seu pão, mesmo que, eventualmente, duro ou amargo.

Voltem de Emaús para Jerusalém e contem aos amigos que vocês o encontraram, falaram com Ele, que Ele inflamou seus corações e que, depois, comeram com Ele. E os amigos de Jerusalém lhes contarão que tiveram a mesma experiência e que Ele lhes desejou a paz e lhes perdoou as traições e covardias.

Uma nova luz, então, brilhará em seus olhos e uma indizível alegria vencerá a tristeza das pretéritas frustrações e ocasionais desilusões.

51
Exsultet!

No Dia da Páscoa, dia em que Jesus ressuscitou e nos livrou da morte para sempre, os sentimentos são de alegria e paz. A luz de Deus, enfim, brilhou, enxugando as lágrimas de quem chorava. Eles, Maria e os apóstolos, puderam levantar o rosto, sentir o coração mais leve e se abraçar com alegria porque a salvação está viva e era dia de vitória.

Na liturgia do Sábado Santo, à noite, todas as igrejas estavam às escuras. Nenhuma luz acesa. Fora delas, apenas um fogo ardia, fogo tirado da pedra, a pedra do sepulcro de Cristo. Dentro das igrejas não se via nada, nem os bancos, nem a altura do teto, nem as imagens de santos, nem o sacrário, nem o altar. Tudo estava mergulhado nas trevas, numa escuridão completa.

De repente, entrou uma luz! Era a luz do Cristo Ressuscitado, a luz do círio pascal que tinha sido aceso no fogo da pedra do sepulcro de Cristo. E tudo começou a se iluminar. E elevou-se um anúncio e uma saudação feliz. O celebrante cantou: "A luz de Cristo!" E toda a multidão dos fiéis respondeu exultante: "Demos graças a Deus!" Esta cena se repetiu por três vezes, sempre num tom mais alto. Aos poucos, os fiéis foram acendendo suas velas e seus rostos se cobriram de luz, com a luz do Cristo Ressuscitado. Ninguém tinha luz própria ou diferente. Todos estavam iluminados com a luz da nova vida, chamada Jesus ressuscitado.

Em meio a tanta alegria, o ministro fez ouvir o canto do *Precônio Pascal*, o *Exsultet* de 1.500 anos de história, de cujo texto apresento umas poucas estrofes.

"Exulte o céu, e os anjos triunfantes – mensageiros de Deus, desçam cantando; – façam troar trombetas triunfantes – a vitória de um Rei anunciando."

"Alegre-se também a terra amiga – que, em meio a tantas luzes, resplandece; – e vendo dissipar-se a treva antiga, – ao sol do eterno Rei brilha e se aquece."

"Que a Mãe Igreja alegre-se igualmente – erguendo as velas deste fogo novo. – E escute, reboando de repente, – o Aleluia cantado pelo povo."

"Pois eis agora a Páscoa, a nossa festa, – em que o real Cordeiro se imolou: – marcando nossas portas, nossas almas, – com seu divino sangue nos salvou."

"Ó noite em que Jesus rompeu o inferno – ao ressurgir da morte, vencedor; – de que nos valeria ter nascido – se não nos resgatasse seu amor?"

"Ó Deus, quão estupenda caridade – vemos no gesto fulgurar; – não hesitais em dar o vosso Filho – para a culpa dos servos resgatar."

"Ó pecado de Adão indispensável, – pois o Cristo o dissolve em seu amor; – culpa feliz que há merecido – a graça de um tão grande Salvador!"

"Ó noite de alegria verdadeira, – que prostra o faraó e ergue os hebreus, – que une de novo ao céu a terra inteira, – pondo na treva humana a luz de Deus."

"O círio que acendeu as nossas velas – possa esta noite toda fulgurar – misture a sua luz à das estrelas – cintile quando o dia despontar."

"Que ele possa agradar-vos com o Filho, – que triunfou da morte e vence o mal; – Deus, que a todos acende no seu brilho – e um dia voltará, sol triunfal!"

Assim cantamos. É essa nossa fé. E é esse o nosso canto de vitória!

52
A festa da humanidade

Na verdade, Cristo ressuscitou dos mortos como o primeiro dos que morreram. Com efeito, assim como por um homem veio a morte, também por um homem veio a ressurreição dos mortos. Assim como em Adão todos morrem, assim em Cristo todos reviverão (1Cor 15,20-22).

Cada povo costuma celebrar solenemente, com feriado nacional, o dia da libertação e de sua independência. É o grande dia de uma nação. É um dia de festa e é o dia da identidade nacional.

Nós, cristãos, celebramos o dia da vitória e da libertação sobre o pior dos inimigos humanos: o da morte. Em nossas igrejas, no Dia da Páscoa, tremula, nas mãos de Cristo, a bandeira da vida! Quem segura esta bandeira é Cristo, nosso Salvador. Ele está vivo! A morte já não tem mais nenhum poder sobre Jesus de Nazaré, filho de Maria e de Deus! Ele voltou com um corpo glorioso para não morrer nunca mais e para garantir a vida eterna a todos os seus seguidores e aos que fazem a vontade de

Deus. Ele ressuscitou. Nós também ressuscitaremos. Ele é apenas as primícias da nova vida eterna e divina.

É justo que cada país continue a celebrar a data nacional de sua independência e libertação. Mas o mundo todo tem uma data única e especial: a data da ressurreição de Cristo, o dia da vitória das vitórias, da independência de todas as opressões, do pecado e da morte, o dia da vida sem fim, o dia da paz definitiva e do perdão de Deus para todos e para sempre. Se por um homem, Adão, todos foram condenados à morte, por Cristo, o novo homem, todos estão destinados à ressurreição.

Jesus ressuscitou! Não pode haver mensagem mais alegre e festiva para toda a humanidade. A ressurreição de Jesus não é uma festa apenas para os cristãos. É uma festa para todos os homens e mulheres. E para toda a criação. Por isso, exultem homens e mulheres, pedras e animais, estrelas brilhantes e mares imensos, que os rios batam palmas e os pessegueiros se cubram de flores, porque Cristo ressuscitou verdadeiramente.

E que todos proclamem: Para longe, tristezas! Para longe, medos! O dia é de paz e de perdão, de alegria e de festa, no céu e na terra, na Casa de Deus e na casa dos homens. Escrevam todos, com letras de ouro, na própria fronte, porque já está escrito no destino da humanidade, que Cristo ressuscitou verdadeiramente. Que a humanidade se vista com roupas coloridas, com roupas de festa, com roupas de luz, porque Cristo ressuscitou verdadeiramente. Que todos se deem as mãos e se abracem num longo abraço de felicidade, porque Cristo ressuscitou verdadeiramente.

A Páscoa de Cristo é o dia de Deus com os homens e é o dia dos homens com Deus. Páscoa é o dia da vida. A morte foi tragada pela vida. O demônio da mentira foi amarrado para sempre e os anjos de Deus esvoaçam em torno do sepulcro vazio, anunciando: "Não procurem entre os mortos aquele que está vivo. Jesus ressuscitou. A mão todo-poderosa de Deus tirou Jesus das sombras do sepulcro. Ele está vivo e passeando pelos caminhos da humanidade, confortando os tristes e fazendo a festa com os bem-aventurados".

53
Exultação pascal

Que exultem o céu, a terra e todo o universo!
Que exultemos todos: anjos, homens e mulheres,
irmãos de todas as raças e religiões, crentes ou não,
e que todas as criaturas cantem em louvor e em homenagem a Cristo
que ressuscitou verdadeiramente!

Esta é a nossa verdade jubilosa:
Nosso Redentor está vivo. Ele venceu a morte.
E a morte já não tem poder nenhum sobre Jesus de Nazaré.
Hoje, Cristo é *kyrios*, senhor vitorioso.

Sua alma já não sente a agonia
que produziu gotas de suor e sangue em sua fronte angustiada,
seus lábios já não têm o gosto do cálice de fel
e de seu coração foi arrancado o medo que experimentou
diante da insolência dos prepotentes, da zombaria do povo manipulado

e da morte que lhe roubou o sonho do Reino, mas não sua fé na força de Deus.

Cristo vive, e é só glória e paz.
Por isto, Ele saúda seus seguidores, terna e vitoriosamente:
"A paz esteja convosco!"

E nós, com alegria e júbilo pascal, lhe agradecemos
e, como Maria Madalena, queremos beijar-lhe os pés,
as mãos e o corpo ferido, mas glorificado.

E, com todo o coração lhe dizemos:
Nós vos adoramos, ó Cristo ressuscitado,
e vos bendizemos porque, com vossa santa cruz, salvastes o mundo!

Salve, ó Cristo da Páscoa, senhor da vitória, *kyrios* da história!
Salve, ó Jesus, filho de Maria e da onipotência de Deus!
Salve, ó "homem das dores" e triunfador da morte!

Em nome de todos os homens,
a comunidade dos fiéis canta
canta a graça da nova vida que irrompe da pedra.
Canta a felicidade de não mais chorar sobre um túmulo, que já está vazio.

Canta a luz que brilhou nas trevas,
o dia que venceu a escuridão e se fez aurora de festa,
a certeza da fé que alimentou a esperança, para além do desespero da morte.

Que cante o mundo inteiro porque Cristo ressuscitou!
Que soe forte a música da alegria e da exultação pascal!
Que ninguém fique mudo! Que nenhum coração fique parado!
Que haja pão e vinho na mesa de todas as famílias!
Que os pobres comam e os ricos repartam.
Que saltem os coxos e abram-se os olhos dos cegos,
porque Cristo ressuscitou verdadeiramente!

Que a justiça encha a terra como as águas enchem o mar!
Que o leão coma capim com o boi e o cordeirinho se deite junto ao lobo!
Que os inimigos se deem as mãos e os adversários celebrem um tratado de paz!
Que os soldados descansem as armas,
que ninguém mais menospreze seus semelhantes
e se abram as portas de todas as prisões para a imensidão do céu de Deus,
porque Cristo ressuscitou verdadeiramente!

Porque Cristo ressuscitou verdadeiramente,
não tenhamos medo!

Vivamos como ressuscitados!
Exultemos de alegria!
E que a paz de Deus esteja sempre com todos os homens!

Porque Cristo ressuscitou verdadeiramente,
que soe a música!
Que o mundo e nossas igrejas se encham de música,
porque assim estão, cheios de música, nossos corações.

54
Ascensão: a festa da esperança

Levou-os em seguida até perto de Betânia. Ali, levantou as mãos e os abençoou. Enquanto os abençoava, separou-se deles e foi levado ao céu. E eles, depois de se prostrarem diante dele, voltaram para Jerusalém com grande alegria (Lc 24,50-52).

A Ascensão é a festa da posse, por Jesus, do Reino de Deus e a festa da esperança humana. A história humana de Jesus termina quando Ele sobe ao céu. Jesus teve uma vida curta, mas intensa. Apenas 33 anos que, no entanto, marcaram a história da humanidade e os destinos do mundo de forma única e perene. Jesus é "o homem". O Credo se refere a Ele como "verdadeiramente homem". Nem outro marcou a história humana de forma mais definitiva. Outros foram grandes. Ele é o maior de todos.

Em verdade, veio para o que era seu, mas os seus, infelizmente, não o receberam (Jo 1,11). Aparentemente, as forças do mal venceram as forças do amor e dos desígnios de Deus. Mas só aparentemente, porque, do alto de sua cruz, Jesus se fez vencedor do pecado e da morte. Ao ser silenciado, a voz de Jesus se fez ouvida por todos os homens de todos os tempos passados e futuros. De braços abertos e de coração transpassado, Jesus se fez advogado dos pobres e pequenos, dos peregrinos sem destino, dos feridos pelas cruezas da vida e dos pecadores sem perdão. Este é o resumo da história de Cristo para os que têm fé e aceitam os misteriosos planos de Deus.

Jesus nasceu como pobre, embora fosse rei, por natureza. A sua trajetória humana o fez rei por direito e por mérito. É, como rei, que sobe ao céu para tomar posse do Reino de Deus. Nada mais tinha a fazer na terra. Enquanto viveu, ensinou aos homens o caminho do amor de Deus e abriu para todos as portas da Casa do Pai. Em sua ascensão, estas portas se escancararam para dar passagem ao Cristo vencedor, que é reintegrado à vida da Santíssima Trindade. Uma nuvem, é verdade, o encobriu aos nossos olhos, mas acendeu as nossas esperanças.

Na Festa da Ascensão de Jesus, celebramos as nossas esperanças. Por definição, somos todos homens e mulheres de esperança. Esta esperança não engana, como diz São Paulo. O destino de Cristo é o nosso destino. A sua ascensão é, também, a nossa festa. Se com Cristo morremos, no batismo, com Ele seremos ressuscitados. Se Cristo subiu ao céu, o céu é o destino de todos os seus seguidores.

Uma nuvem, é verdade, encobriu o Cristo que se foi, mas nossos olhos brilham com a luz da certeza da fé. Jesus partiu para preparar-nos um lugar na Casa de Deus. Perdemos a Jesus "por um pouco de tempo", mas depois de "mais um pouco de tempo", o veremos para não perdê-lo nunca mais. A Ascensão não é apenas a festa de Cristo, mas é também a nossa festa. É a festa dos que olham para o céu com saudades e tristeza, mas é também a festa dos que voltam para a cidade, para ficar à espera da vinda do Divino Espírito Santo. O Deus do Amor virá em forma de línguas de fogo para esquentar nossos corações, derretendo nossos medos e curando a nossa orfandade. Sentindo saudades de Jesus, somos consolados pelo Espírito Santo. E, consolados por Ele, anunciamos que Jesus vive para sempre no seio da Santíssima Trindade.

55
Pentecostes: a festa da coragem

Chegando o Dia de Pentecostes, estavam todos reunidos no mesmo lugar. De repente veio do céu um ruído, como de um vento impetuoso, que encheu toda a casa em que estavam sentados. Viram aparecer, então, uma espécie de línguas de fogo, que se repartiram e foram pousar sobre cada um deles. Todos ficaram cheios do Espírito Santo (At 2,1-3).

Na ascensão, Jesus voltou para a Casa de Deus, deixando os apóstolos desconsolados. Como pobres e rudes pescadores e camponeses da Galileia, eles tinham uma verdade: a verdade da Páscoa. Sabiam que Jesus tinha ressuscitado e que a morte já não tinha mais poder sobre Ele. Por um bom espaço de tempo, 40 dias, eles foram fazendo a experiência do Cristo Ressuscitado.

Mas, quando Jesus partiu, eles se perguntaram: "E agora? O que fazer?" O medo não lhes permitia nenhuma resposta e decisão. Foi então que Jesus cumpriu mais uma de suas promessas: Enviou-lhes o Defensor, o Espírito da Verdade, o Espírito Santo consolador. Esta é a Festa de Pentecostes.

A cena está diante dos nossos olhos. Reunidos com Maria no Cenáculo, com medo de sair, por causa dos judeus, com certeza rezavam e discutiam sobre o futuro e sobre a missão deixada por Jesus. "Ide, pregai o Evangelho a todas as criaturas, batizando-as em nome do Pai e do Filho e do Espírito Santo" (Mt 28,19). A ordem era clara, mas cadê discernimento e coragem para executá-la? É nestas circunstâncias que acontece Pentecostes. E, com Pentecostes, começa praticamente a nova vida da Igreja.

Na espiritualidade, fala-se muito em *parresia,* termo grego, sinônimo de coragem e *fortaleza,* que é um dos dons do Espírito Santo. Por este dom, a pessoa enfrenta as dificuldades que nascem da fé e da vida e vence os medos que a vida tem. Pentecostes leva os assustados apóstolos para fora, coloca-os nas ruas e no topo das escadarias do templo, e eles se apresentam sem medo, dispostos a não mais negar a verdade e a experiência que fizeram do Cristo Ressuscitado.

A partir deste acontecimento, os apóstolos foram outros. Deixaram de ser os pobres pescadores da Galileia para se transformarem em anunciadores impávidos da ressurreição. Pobres homens medrosos, trancados num lugar sagrado, o Cenáculo, por medo dos judeus (Jo 20,19), de repente se transformaram em evangelistas de uma verdade, em mártires de uma convicção. E não apenas proclamaram sua fé, mas estiveram prontos para dar a vida pela verdade em que acreditavam.

A disposição de fé dos apóstolos passará a ser, para todos os seguidores de Jesus, a medida pentecostal da fé cristã. Não basta mais rezar nas igrejas, viver recolhido em lugares sagrados, celebrar a festa da Páscoa. Todas as liturgias são importantes, mas é preciso sair para a rua, subir as escadarias do Templo, enfrentar a fúria dos donos do mundo, e proclamar o fato único e histórico de que Cristo está vivo e ressuscitado. Em outras palavras, Pentecostes está para o mundo, assim como a Páscoa está para a Igreja. Não basta apenas ter uma verdade, é preciso também ter a coragem de proclamá-la e vivê-la. Na Páscoa, a Igreja canta nas igrejas. Em Pentecostes, nas ruas e no mundo.

56
Santíssima Trindade

Toda a autoridade, disse Jesus despedindo-se dos apóstolos, me foi dada no céu e na terra. Ide, pois, fazei discípulos meus todos os povos, batizando-os em nome do Pai e do Filho e do Espírito Santo, ensinando-os a observar tudo quanto vos mandei. Eis que eu estou convosco, todos os dias, até o fim do mundo (Mt 28,18b-20).

De pouco valem os discursos quando se tenta entender a natureza de Deus ou quem é Deus. De melhor alvitre será recorrer a uma história, uma pequena história, que revela a incapacidade humana de penetrar no mistério de Deus.

É a história do grande teólogo Santo Agostinho que passeava por uma praia deserta, buscava palavras para falar e definir Deus. Esforçava-se, colocando toda sua capacidade teológica e inteligência reflexiva, em criar uma imagem, para que todos pudessem entender a verdadeira natureza de Deus. E ia de um canto a outro da praia, sempre pensando como era possível haver três pessoas na divindade santa e, no entanto, não existir três deuses, mas um só. E por mais que pensasse e refletisse, obteve como resposta apenas o cansaço de sua mente. Cansou-se de pensar em Deus e parecia-lhe que quanto mais pensava menos entendia o mistério. Sua grande inteligência tropeçava, mais do que avançava.

Finalmente, desistiu, e, quando já se preparava para voltar para casa, avistou um menino que brincava na praia. O santo se aproximou e começou a observar o menino. Viu-o escavando, com suas mãozinhas frágeis, um buraco na areia, assim como fazem os meninos de hoje e de sempre. Perguntou-lhe o que fazia, como se não soubesse que as crianças gostam de brincar, escavando buracos na areia. O garoto lhe respondeu: "Estou fazendo um buraco, porque quero colocar nele toda a água do mar". Santo Agostinho sorriu e pensou, antes de lhe dirigir a palavra: "Pobre e inocente criança! Que santa ingenuidade! Só uma criança pode, em sua feliz inocência, ter a pretensão de colocar toda a água do mar dentro de um pequeno buraco feito na areia".

O menino parece ter entendido o que pensava o grande teólogo e pensador. E, antes que o santo falasse, ele emendou: "Eu sei que isso é impossível, assim como é impossível a um grande teólogo colocar, em sua pequena cabeça, a grandeza infinita do mistério de Deus".

Festa da Santíssima Trindade! Um grande e insondável mistério! Diante dele, o silêncio é mais apropriado do que as palavras. Mais do que buscar entender, melhor seria apenas adorar; e mais do que levantar a cabeça, apenas dobrar os joelhos. Mais do que tentar se apoderar do mistério de Deus, melhor seria viver encantado por sua beleza e fascinado, intensamente fascinado, por seu amor e onipotência. Deus, para o homem, é um convite para a admiração. Diante dele, só nos resta descalçar as sandálias, e confessá-lo na alegria e no louvor, na felicidade e no encantamento.

Não dá para ser pretensioso diante do mistério de Deus, assim como não dá para ser pretensioso diante do mistério da morte. Um e outro são o tudo e o nada. E ao homem foge a compreensão de um e do outro. O que convém à nossa pequenez é a aceitação humilde da grandeza de Deus e o reconhecimento de nossa impotência. Ele tudo pode, nós podemos quase nada. Ele tudo sabe, nós somos um poço de pequenos e fugidios conhecimentos. Ele é vida, nós somos ovelhas destinadas ao matadouro. Ele é uma plenitude, nós somos uma soma de carências. A nós sobra-nos, apenas, uma confissão de humildade, um ato de submissão e as luzes da fé. Ou rezar para que seu mistério não queime a mufa de nossos limitados cérebros.

57
Virtudes teologais

No presente, permanecem estas três coisas: fé, esperança e amor; mas a maior delas é o amor (1Cor 13,13).

Deus criou o ser humano à sua imagem, à imagem de Deus o criou, macho e fêmea Ele os criou (Gn 1,27).

O Livro do Gênesis, em seu primeiro capítulo, afirma que Deus criou o homem "à sua imagem" e é assim, só assim, que ele, o homem, pode viver e deve sobreviver em busca de sua verdadeira identidade para ser feliz. Na verdade, não precisa ter consciência de sua origem e DNA divinos. A consciência não engloba o homem todo. Há comportamentos humanos que nos caracterizam para o bem ou para o mal, sem o alerta da consciência.

Mas a questão é: Como pode o homem ser e viver à imagem de Deus, se ele não tem de Deus qualquer imagem? Mas Deus deixou no homem seu sopro ou sua lembrança que, na espiritualidade, se chamam "virtudes teologais". Graças a estas virtudes, o homem é e se percebe e se faz imagem de Deus.

O *Novo Catecismo da Igreja Católica,* publicado em 1992, ensina que "são infundidas por Deus na alma dos fiéis virtudes que os tornam capazes de agir como seus filhos e merecedores da vida eterna" (cf. n. 1813). Tais virtudes não são próprias do ser humano; mas são graças, sem as quais a pessoa, por si só, não chegaria a Deus.

Elas lhe são dadas "por amorosa condescendência de Deus". Por elas, o ser humano é agraciado para a glória (natureza) e conhecimento (mistério) de Deus. Tais virtudes não podem ser adquiridas por disposição do nosso espírito, mas devem ser cultivadas e desenvolvidas por nossa vontade. Por sua simples existência, facilitam naturalmente a obra de Deus em nós e nos capacitam para a divinização da vida. Por outro lado, elas não são uma segunda natureza sobreposta à natureza humana, mas são graças que abrem excelentemente a natureza humana à vida e presença de Deus em nós. E elas são o fundamento de todas as virtudes humanas (cf. n. 1812).

A Enciclopédia teológica *Sacramentum Mundi* procura defini-las como "uma raiz divinizante, uma ponte de acesso ao mistério de Deus, uma luz sobrenatural para ver o invisível, um convite fascinante e um impulso desafiador para a santificação da vida em si e para a assemelhação do agraciado com Deus". Estas três virtudes – Fé, Esperança e Caridade – são chamadas de teologais, porque "Deus mesmo, tal como Ele é, por sua própria comunicação, se converte em vida do homem", dando à pessoa uma capacidade permanente de orientar sua vida para Ele (cf. c. 876).

Se a essência da vida espiritual é o amor, sua natureza é a fé. O amor é a alma da vida espiritual, enquanto a fé define o caminho. O amor seduz; a fé move, ilumina o caminho, e aponta a casa dos sonhos e é, coma esperança, a força para sua busca. Seduzida, a pessoa estará sempre conquistando o amor, assim como, na alegria e na dor da fé, estará sempre na busca do rosto da conquista amada. O amor faz sonhar com o abraço da pessoa amada; a fé acorda e acredita em sua voz, alimenta seu desejo e impulsiona a pessoa para seu encontro. A esperança sustenta esta ação e destinação e as três, como virtudes teologais, dão a consistência e o aprumo espiritual fundamental da pessoa humana.

É próprio da fé acreditar por causa de e apesar de. Levada aos seus limites, a pessoa encontra na fé a sua máxima motivação. Vive dela e dá a vida por suas definições. Enquanto o animal sente o que vê e aufere seu bem-estar do espaço que controla pela força ou fraqueza que tem, a pessoa de fé aposta na inaferrabilidade do mistério que não controla, mas nas luzes que o orientam, acreditando para além das aparências e dos véus que encobrem a realidade mistérica desejada dos fenômenos perceptíveis. Acredita por causa de (força e caráter luminoso da palavra e das promessas) ou apesar de (mesmo sofrendo no silêncio e no sofrimento). O animal só responde a estímulos perceptíveis; quem crê, à palavra dada. Com as luzes da fé, espera na busca e esperando ama, porque crê nas promessas de quem promete.

Há uma reflexão de Mahatma Gandhi (1869-1948) que já se tornou clássica e que é uma confissão de fé do grande líder político indiano: "Para mim, Deus é Verdade e Amor. Deus é Ética e Moralidade. Deus é ausência de temor. Deus é manancial de Luz e Vida. Ele está, no entanto, acima e além de todas estas coisas. Estou mais certo de sua existência do que de tu e eu estarmos sentados neste quarto. Posso igualmente afirmar que posso existir sem água ou ar, mas não posso viver sem Deus. Podes arrancar-me os olhos que isto não me mata. Podes arrancar-me o nariz que isto não me mata. Mas basta que destruas minha fé, que estarei morto".

Esta reflexão e quase oração de Gandhi pode ser a confissão de quem se sente pobre, mas recebeu, como graça, a riqueza das virtudes teologais. Por elas, a pessoa busca o rosto de Deus sem encontrá-lo, mas sonha com Ele, na esperança, com seu coração divino de amor para amá-lo.

58
Santo! Santo! Santo!

Meu coração se contorce dentro de mim, minhas entranhas se comovem. Não executarei o ardor de minha ira, não tornarei a destruir Efraim, porque eu sou Deus e não homem, sou o Santo no meio de ti e não retornarei com furor (Os 11,8-9).

Deus é santo, diz a Bíblia. Só Ele é santo. Santo é o seu nome. Ele é o termo *ad quem* (para o qual ou final) das aspirações humanas. E, como Deus, deve o ser humano ser santo. Não pode querer ser menos que Deus: ou para servi-lo e nele perder-se num casamento de amor, ou para, tragicamente, arvorar-se em caricatura sua.

Este desejo de ser grande, divino, infinito ou, simplesmente, santo, sem poder sê-lo, pois então se romperiam nossos contornos, eis a razão de nossas frustrações mais sentidas, mas, ao mesmo tempo, eis também o móvel de nossos voos mais altos. O homem é um pássaro de asas pequenas, mas de coração sempre na rota das estrelas. E este coração só se sentirá em paz quando, como diz Santo Agostinho, repousar em Deus, que ele buscou sem conseguir, mas que obteve por graça, sem merecer (cf. *Confissões*, 1).

Este duplo anseio que agita o ser humano encontrou guarida dentro da piedade e da reflexão do povo eleito, expressando-se debaixo do conceito de santidade. A santidade divina foi uma das experiências religiosas mais profundas da religião bíblica.

O conceito de santidade, só aplicável especificamente a Deus, exprimia, em primeiro lugar, uma ideia de separação, distância, intocabilidade, conferindo a Ele uma sacralidade diante da qual o homem só podia sentir-se impuro e forçado a descalçar as sandálias e prostrar-se com a face por terra. Deus era o Totalmente Outro, "Sou Deus e não sou homem" (Am 11,9), aquele que nada tinha de humano e perecível. Ele habitava no "mais alto dos céus".

Era absoluto em seu ser, inatingível em sua majestade, incorruptível em sua pureza. Os demais deuses eram obras das mãos humanas, eram arremedos de sua grandeza: tinham olhos e não viam, boca e não falavam, ouvidos e não ouviam. Javé, não! Sua voz devia ser ouvida e obedecida! Sua onipotência devia ser temida! Sua santidade devia ser adorada! Porque Ele simplesmente era o que é, porque era santo (Ex 3,14). A santidade não lhe era um atributo a mais; era seu próprio nome. "Seu nome é o Senhor dos exércitos, o Santo de Israel" (Is 47,4).

Em segundo lugar, a santidade comportava um elemento emocional, como se o coração de Deus se deixasse envolver pelo destino de suas criaturas. Deus se faz, então, guarda e defensor de seu povo. O Dêutero-Isaías, mais do que qualquer outro profeta, tem passagens verdadeiramente tocantes, onde ao poder de Javé se mistura a ternura de suas entranhas. Por seu poder, Ele, para salvar "o pobre vermezinho de Jacó e o mísero inseto de Israel" (41,14), "reduz os príncipes a nada e faz desaparecer os governantes da terra" (40,23). Ternamente, Ele confessa que ama seu povo e que por ele até "permuta reinos" (43,4). E, numa expressão de supremo encanto, promete carregar Israel, qual um cordeiro, "nas dobras de seu manto ou ao colo" (40,11).

Santidade, então, significa, à luz deste elemento emocional, poder, força e é sinônimo de proximidade e cuidados a serviço da salvação do povo. Javé se comporta, então, como bom pastor, vinhateiro, guardião, sentinela, protetor, servo sofredor, amigo e águia que leva seu povo sobre as asas de seu poder e proteção. Ou, como expressa lindamente o Profeta Oseias: "Quando Israel era um menino, eu o amei e do Egito chamei meu filho. Com vínculos humanos, eu os atraía, com laços de amor; eu era para eles como quem levanta uma criancinha a seu rosto, eu me inclinava para ele e o alimentava" (11,1.4).

A mais exaltante de todas as vocações humanas é a da santidade, ou seja, a de participar (a convite e por permissão) e comungar (sem mérito, impura e indignamente) da vida íntima de Deus. Em outras palavras, somos convidados a passear, como nossos primeiros pais, ao cair da tarde, com Deus pelo paraíso (Gn 3,8); podemos aproximar-nos, sem medo e sem morrer, de seu fogo devorador (Ex 3,3ss.); somos beneficiários da força de seu braço e do esplendor de sua glória (Ex 15,16; Dt 4,34; 5,15); somos convidados a gozar da beleza da Santíssima Trindade, onde resplandece sua majestade (2Cr 7,3).

Pessoa alguma poderia imaginar e muito menos pretender, sem uma especial concessão do Alto, ser companheiro de uma história e responsável por um destino que envolvesse a sacrossanta pessoa de Deus. Enquanto todas as criaturas foram criadas por uma ordem de Deus – *Faça-se!* –, o ser humano nasceu do contato de seus lábios, o que lembra proximidade e amor de predileção. A nossa vocação, por isto, é voltar para estes lábios ou ser santo como Deus é santo. "Sede santos como Deus é santo"! (Lv 19,2). Jesus diz a mesma coisa em Mt 5,48.

O conceito bíblico de santidade é paradoxal, ou tem duas faces, sendo uma obscura e desconhecida e sendo a outra clara e luminosa. A santidade é, ao mesmo tempo, distância e proximidade, intocabilidade e envolvimento emocional, é conceito que identifica a divindade em si e onipotência de Deus em favor da salvação do povo. Se, por um lado, Deus é intocável e puro por ser santo, por outro, seu povo deverá ser como Ele, incontaminado, e ter uma alma moral por causa da santidade de seu criador. Porque Deus **é** santo, a criatura deve ser e fazer-se santa.

Ao meditar sobre Deus, talvez apenas nos sobre, finalmente, rezar. É o que faremos à imitação de Santo Agostinho que rezava nesses moldes:

Ó Santíssima Trindade, Deus Pai, Filho e Espírito Santo, só a ti pertencem toda honra, glória e adoração! Diante de ti, inclino minha cabeça e confesso minha pobreza. Peço teu perdão e respiro tua misericórdia. E te suplico: Acorda-me com o trovão de tua voz, para que seja teu e viva somente para ti! Queima-me com teu fogo, para que nenhum outro fogo me seja mais doce que o teu! Enche-me com tua luz, para que todos Te sintam, em mim, somente como graça e beleza! Embevecido e adorante, olho para ti e te procuro, e só te encontro na luz da fé que colocaste em minha alma. Desejo tocar-te, mas apenas te sinto no sopro que deixaste em mim. Tento chamar-te pelo Nome, mas minha boca não encontra palavras para confessar o amor que meu coração sente por ti. Sou teu, somente teu, Tu és a vida de minha vida, e por ti quero viver e morrer. Amém.

59
Ser grande como Deus

Portanto, sede perfeitos como vosso Pai celeste é perfeito (Mt 5,48).

Oráculo de quem ouve as palavras de Deus e conhece os pensamentos do Altíssimo, que vê as visões do Poderoso e cai em êxtase e tem os olhos abertos (Nm 24,16).

Todas as filosofias do mundo, em todos os tempos, com seus sábios e mestres, se debruçaram sobre o ser humano, tentando entendê-lo e pretendendo orientá-lo. E todas as religiões, com seus santos e profetas, desembocaram, com maior ou menor acerto, nas mesmas descobertas, conclusões e promessas. Eis, em dez pontos, as luzes que foram acesas para iluminar a beleza fascinante e a complexidade intrigante do ser humano.

1) Se as pessoas se deixassem questionar sobre como vivem, encontrariam as principais características de seus caminhos espirituais, porque a espiritualidade, quando verdadeira, molda a vida e espelha inegavelmente um modo de viver.

2) Pode-se viver, espiritualmente, ou como pessoa ensolarada, como filho da graça e do gosto de viver, ou como porco-espinho, refratário e com uma alma pesada, entristecida e opaca.

3) É importante evidenciar que, quando falamos de espiritualidade, não o fazemos para condenar os outros, reduzindo o mundo e as pessoas a uma foto em preto e branco de 3x4, dividindo-as, apocalipticamente, entre ovelhas e cabritos, entre anjos e demônios.

4) Viver superficialmente, num relacionamento sem compromissos maiores com pessoas e coisas, não é muito difícil. Difícil é viver em profundidade, honrando a Deus com os lábios (externamente) e o coração (interiormente), com todo o ser.

5) Diante da vida, há duas formas de posicionar-se: ou o fazemos com profundidade, o que exige coragem, renúncia, generosidade e maturidade, ou escolhemos o caminho da superficialidade que exige pouco, mas dói muito e é, finalmente, pouco satisfatório.

6) "Mas o sol e a terra, a lua e as estrelas giram de tal maneira bem, que a alma desiste de se queixar. Amém." Estou citando de oitiva a poeta Cecília Meireles. A espiritualidade objetiva este não queixar-se, purificando a pessoa de pesos e egoísmos e elevando a alma humana. A busca e luta por este bem-girar da vida definem, em última instância, a pessoa como espiritual.

7) A lei fundamental da espiritualidade é ser grande como Deus é grande. O animal se satisfaz com o que é; a pessoa é instada a crescer para além de si mesma.
8) O espírito humano carrega consigo, ao mesmo tempo, uma semente de imortalidade e os vermes de sua morte. A ciência que o estuda, com seus sonhos e agonias, chama-se espiritualidade.
9) Só os que se fazem discípulos da arte de viver e são servos do mistério da vida e mártires de seus desafios envolventes e agonizantes, mas fecundos, é que merecerão ter seus nomes inscritos no Olimpo dos deuses, obtendo, finalmente, os aplausos de seus semelhantes.
10) A realidade mais fácil de ser maltratada, por ser, ao mesmo tempo, tão frágil e complexa, é o mistério humano. Uma cientista romena surpreendeu, durante os anos do regime comunista, os participantes de um Congresso de Antropologia, alertando seus colegas ocidentais: "O grande perigo que o mundo corre, hoje, é o de maltratar e adulterar o mistério do ser humano". Este mistério só não foi adulterado em Cristo e, por graça, em Nossa Senhora, a Imaculada.

60
Ser pai

Honra teu pai e tua mãe, como o Senhor Deus te mandou, para que vivas longos anos e sejas feliz (Dt 5,16).

Para quem não é pai, pode ser, ao mesmo tempo, fácil e difícil falar sobre a beleza e as dificuldades de ser pai. Ser pai é um desejo de raiz que dorme como pulsão e grito no fundo de todo homem. São poucos os que não querem ou renunciam, por razões superiores, a esta graça ou se fazem surdos aos seus apelos. Nem todos conseguem ser bons pais. Mesmo assim, os pais não devem ser criticados, julgados e, muito menos, condenados. Antes, devem eles ser amados, ajudados, reverenciados, respeitados e sempre aceitos, pouco importando como são ou foram.

Na verdade, filho algum escolhe o pai que tem, mas o sente e vê, desde os primeiros instantes, como alguém muito especial. Reconhece sua voz e gosta quando ele o tem nos braços e o beija. Para o neném, desde então e para sempre, aquele homem e somente ele merecerá e será chamado de pai. Pela vida toda, ele será seu querido pai.

Gostaria de dar um testemunho sobre meu pai. Foi uma pessoa simples e por ele tenho grande amor. Já morreu, mas conservo, com gratidão e orgulho, sua memória. Chamava-se Antônio João, ou "Seu Antoninho", para os demais, mas isso não tem maior importância. Importante e transcendente para mim foi que ele me chamou de filho e eu o chamei de pai.

Era um homem alto, magro, sem vícios. Sorria pouco, mas tinha um rosto sorridente. Poucas vezes o vi rindo às gargalhadas. Não era do seu feitio ser muito exuberante em suas manifestações externas. Mas amava muito e nós, filhos, nunca duvidamos de seu amor.

Trabalhava de sol a sol. Aos 44 anos, perdeu um braço, no trabalho, mas nem por isso viveu abatido. Continuava vivendo alegre e feliz, falando pouco, mas sendo muito presente na vida de nossa família, como se nada lhe tivesse acontecido. Era iletrado. Tivera apenas 3 meses de escola, mas era um sábio. Gostava de viver, de cantar e nunca dramatizava o que acontecia.

Não era sabido, mas era sábio. Tinha fé e sempre nos dizia: "*Deus sabe o que faz*". Quando via alguém que fazia alguma bobagem, nos aconselhava: "*Nunca julguem os outros, porque, no lugar deles, talvez nós faríamos pior*". Ensinou-nos a amar os pobres e nunca deixou um mendigo, que batia à nossa porta, sem um prato de comida.

Tinha uma alma boa. Meu pai era bom, como Deus é bom. Éramos 8 irmãos. Sempre reverenciou nossa mãe e exigia que a obedecêssemos, sem questioná-la. Ele mesmo sempre a tratava com grande respeito e gestos de amor. De nós, filhos, mostrava ter um grande orgulho. Dizia que todos seríamos, um dia, doutores. Quando fiquei padre, após abençoá-lo, ele me abraçou muito e chorou, copiosamente, em meu ombro.

Morreu cedo, aos 72 anos. Fumar foi seu único vício e este vício encurtou-lhe a vida. Mas seus filhos não o esquecem e foi pensando nele que escrevi esta homenagem a todos os pais, que transcrevo a seguir e que tem como título: "Abraça-me, meu pai".

Abraça-me, meu pai!
Abraça-me com teus braços grandes!
Aperta-me contra teu peito, fortemente!
Quero me sentir perdido em teus braços,
escutando a batida de teu coração.

Abraça-me!
Sou teu filho e me sinto tão pequeno.
És meu pai e te vejo tão grande.

Abraça-me!
Olho-te com admiração e gosto de ser teu filho.
Tenho teu sangue, tua cara, e o teu jeito de andar, de rir e de ser.

Abraça-me!
Ajuda-me a crescer.
Quero crescer sob teus olhos, acreditando no milagre da vida.
Tu me deste a vida e eu gosto da vida porque gosto de ti.

Abraça-me!
Traça em minha fronte o sinal de amor do Pai do céu.
Cobre-me com a bênção de Deus.
Que eu seja uma bênção para ti, assim como és a bênção dele para mim.

Abraça-me!
Esquece minhas peraltices.
Sou um pouco levado porque tenho muita energia.
Às vezes exagero, eu sei, mas faço o que faço
apenas para chamar mais tua atenção e merecer mais teu carinho.
Me perdoa!
Diante de minhas travessuras, como gosto de teu sorriso cúmplice,
neste teu rosto que nem sabe ficar sério.

Desculpa-me e abraça-me, depois!
Ensina-me que meus defeitos não têm grande importância,
que são tolices próprias de minha idade.

Quero olhar para ti,
sempre encontrando um rosto compreensivo,
uma palavra amiga
e um abraço acolhedor.

Abraça-me, pois!
Chama-me de "meu filho" e deixa-me chamar-te de "meu pai".
Quando os outros me perguntam quem sou eu,
digo que sou teu filho e que, um dia, quando grande, serei como tu.
Fica pertinho de mim, enquanto faço a lição do colégio.
Depois, convida-me para sair contigo, para passear na praça.
Adoro sentir tua mão sobre meu ombro.
Leva-me para tomar um refrigerante, enquanto tomas tua cerveja,
ou, melhor, vamos ao Maracanã para ver um Fla-Flu.
Quero fazer contigo a festa da vida.

Ah, meu pai, dá-me teu abraço!
Nada mais quero do que senti-lo e saber que tens orgulho de mim,
assim como eu tenho de ti.
Sempre direi a todo mundo que és meu pai,

um homem digno, uma pessoa de caráter e que me sinto feliz em ser teu filho.

Que mais te posso dizer, quando te relembro,
senão obrigado, muito obrigado?
Eu te amo muito!
Que Deus te abençoe sempre e sempre.

E deixa, agora, que te abrace com meus pequenos braços,
com todo o amor de meu enorme coração de filho,
porque, confesso e proclamo, tu, somente tu, és meu pai.

61
Ser mãe

Meu filho, guarda os preceitos do teu pai e não rejeites as instruções de tua mãe! Leva-os sempre gravadas no coração, e amarra-os ao teu pescoço! Quando caminhares, eles te guardarão, quando descansares, eles te guardarão, quando despertares, falarão contigo, pois o preceito é uma lâmpada, e a instrução é uma luz; é um caminho de vida e repreensão que corrige (Pr 6,20-23).

Mais importante do que o pai é, possivelmente, a mãe na educação e desenvolvimento físico e afetivo dos filhos. Em termos modernos, ela formata ou molda o coração deles. Não só por carregá-los nove meses na mais íntima das uniões, dando-lhes seu sopro e sangue, mas porque seus olhos se comprazem em vê-los e por estar disposta a dar por eles a própria vida.

Uma família se engrandece com o trabalho do pai, mas se enobrece e eterniza em seu respeito e amor à mãe. A mãe é mais do que uma presença na família, ela é, como se diz, a rainha do lar. E o brilho de sua coroa de rainha são seus filhos. É conhecida a história da mãe dos Graccos, uma despojada mulher de nobre família romana, quando outras importantes matronas desfilavam ostentando suas joias. Ela apontava para seus filhos e dizia: "Estas são as minhas joias".

Escrevi, um dia: Mãe é mãe. Sem adjetivos. Outros podem dizer que nossa mãe é isso ou aquilo, podem achar que nossa mãe é bonita ou não, simpática, elegante, prendada, sorridente, maravilhosa ou não. Para nós, ela pode ser tudo isso ou não, mas é apenas mãe, a nossa mãe. As qualificações que outros lhe dão serão, para nós, filhos, sempre redutoras e pobres para descrevê-la em nossos sentimentos por ela.

Sem forçar a barra, nós a vemos com um jeito que somente nós sabemos sentir e avaliar devidamente. Se alguém dissesse que minha mãe era de estatura média, eu poderia dizer que isso nunca me importou. Se um outro dissesse que ela era bonita, que tinha um rosto perfeito, isso não inflaria meu orgulho nem me faria mais feliz, mesmo sabendo que ela assim era. Para mim e para meus irmãos, ela era simplesmente nossa mãe.

Ela tinha algo ou, melhor, era algo que somente ela era e tinha. Ao olhá-la, eu não via as características que outros gostavam de destacar em seu perfil. Para mim e para meus irmãos, ela tinha uma alma e um coração de mãe, até quando errava. À distância dos fatos e para além das imposições maternas, nossos sentimentos por ela se sobreelevam sem arranhaduras.

Comecei dizendo que mãe é mãe, sem adjetivos. Assim é. E lhes confesso: sejam lá vocês, mães e senhoras, como forem, ricas ou pobres, lindas ou surradas pela vida, com porte de rainha ou já enrugadas pelo tempo, vocês são mais do que tudo isso. Para nós, seus filhos, vocês são simplesmente mães, nossas mães. Para os outros, vocês podem merecer muitos adjetivos lindos com os quais, carinhosamente, lhes abraçamos. Mas saibam, para nós vocês são apenas mães. Sem adjetivos. E rezo por nossas mães.

Diante de ti, ó Senhor Deus, grande e bom,
que és nosso Criador e Salvador, Pai e Mãe,
derramamos nossos corações de filhos para te adorar e amar,
e confessar o quanto te queremos com todo o entendimento,
com todas as forças do nosso ser e com todo o coração.

Muito obrigado, Senhor, por nossas mães,
de quem recebemos o sopro de tua vida.
Elas foram a primeira pulsação de vida que experimentamos,
vida da qual és a fonte, o sustento e o destino.
Nós te suplicamos por elas.

Abençoa-as e cobre-as com teu manto protetor,
assim como elas nos abençoam
e protegem com tanto amor e sempre cheias de cuidados.

Consola-as em seus sofrimentos e fortalece-as em suas lutas.
Dá-lhes sempre disposição de espírito para nos indicar o caminho do bem
e uma palavra lúcida para nos cobrar responsabilidades diante da vida.

Afasta delas todo tipo de tristeza.
Que nenhum filho ouse abandoná-las.
Mas que se sintam amadas e queridas
pelos filhos que tanto amam e aos quais só querem bem.

Reconhecemos nelas tua presença de amor e salvação
e te prometemos amá-las e protegê-las sempre,
para que acreditem no teu amor e na força da tua bênção.

Obrigado, muito obrigado pela querida mãe que temos na terra.
Obrigado, muito obrigado, por Maria, a mãe querida que temos no céu.

62
As lágrimas dos pobres

As nações verão a justiça de Deus e todos os reis da terra sua glória. O povo receberá um nome novo que a boca do Senhor lhe dará. Ele será uma coroa magnífica na mão do Senhor e uma tiara real na palma de teu Deus (Is 62,2-3).

Que lindas promessas faz o profeta ao seu povo em nome de Deus! O profeta diz que não se calará, mesmo que tenha que enfrentar todo tipo de perigos, enquanto não surgir em Jerusalém, qual um luzeiro, a justiça e não se acender nela, qual uma tocha, a salvação (v. 1).

Nada disso, na verdade, estava acontecendo. Jerusalém era uma cidade perversa, corrupta, idólatra, infiel ao seu Deus. A justiça era ofendida todos os dias, os reis desrespeitavam os pobres, a cidade era um antro de intrigas, de politicagem e de idolatria.

O profeta, no entanto, afirma que isso irá acabar. Os reis ainda verão a glória de Jerusalém e ela receberá um novo nome, que a boca do Senhor lhe dará. E ela será gloriosa na mão do Senhor, já não mais nas mãos dos políticos ambiciosos, corruptos e de interesses escusos e rasteiros.

Deus fará de Jerusalém a sua esposa. E assim como a noiva é a alegria do noivo, assim a Cidade Santa será a alegria de seu Deus.

No capítulo 60, versículos 19ss., o profeta diz: "O sol já não será a tua luz durante o dia, nem a lua te iluminará, com seu brilho, durante a noite; mas o Senhor Deus será tua luz permanente e teu Deus, teu resplendor fulgurante". Deus promete, pela voz do profeta, que os dias de luto do país terminarão para sempre e que todos os seus filhos possuirão a terra. Porque "no teu povo todos serão justos". E Deus confessa com imensa ternura: "Tu és um broto que eu plantei, a obra das minhas mãos para a minha glorificação".

Tudo isso é um sonho, é verdade, mas tudo isso é promessa de Deus. "Passarão o céu e a terra, mas as palavras do nosso Deus não passarão."

De Deus, de suas palavras e promessas não podemos duvidar. Jesus já venceu o pecado e a morte com seu amor crucificado. Ele também vencerá os maus, os inimigos do povo, os mensaleiros e os sanguessugas que se corrompem por dinheiro, acreditando que não há um juiz supremo, um Deus que os castigará um dia.

Deus valorizará as lágrimas dos humildes, o choro dos pobres, a tristeza dos aposentados. Estes escutarão a palavra redentora do Juiz Jesus: "Vinde, abençoados por meu Pai! Tomai posse do Reino preparado para vós desde a criação do mundo" (Mt 25,24). E Jesus também sentenciará contra os maus: "Afastai-vos de mim, malditos, para o fogo eterno, preparado para o diabo e seus anjos" (v. 41).

A Bíblia é a grande oração das esperanças humanas. E esta oração tem o aval de Deus. E Deus não engana nem se deixa enganar. Iludem-se os que pensam que, ganhando o mundo, com truques e maracutaias, poderão garantir também a vida eterna. Iludem-se e não perdem por esperar. Deus é bom, mas é também um Juiz justo, defensor dos pobres e pequenos, dos excluídos e dos sofredores. É nas mãos dele que os pobres devem colocar sua confiança e entregar suas lágrimas e esperanças.

63
As riquezas dos ricos

O jejum que eu prefiro, diz o Senhor, é este: Soltar as algemas injustas, soltar as amarras do jugo, dar liberdade aos oprimidos e acabar com qualquer escravidão! Repartir o pão com o faminto, acolher em casa os pobres sem teto! Quando vires alguém sem roupa, veste-o e não te recuses a ajudar teu semelhante! (Is 58,6-7).

Teologicamente, eis uma verdade absoluta e um alerta límpido e irretorquível: O céu e Deus não podem ser contra ninguém. Não podem ser contra os ricos em favor dos pobres, nem vice-versa. Há muitos santos que foram ricos, mas tiveram caridade, assim como há pessoas que são pobres de bens materiais, mas são perversos em seus comportamentos humanos e fraternos.

Dito isso, temos que aceitar as advertências de Jesus, segundo o qual não se pode servir a Deus e ao dinheiro. Não se pode viver para o dinheiro e colocar nele a nossa salvação. Não se pode encontrar a paz do coração numa caderneta de poupança ou numa conta bancária.

O que deve presidir a caminhada humana, tão curta quanto tentadora, é o poder de Deus e o amor entre os irmãos. Como diz muito bem a sabedoria popular: "Caixão não tem gaveta, mortalha não tem bolso". Em outras palavras, desse mundo nada se leva. No juízo final, vai valer não o quanto se tinha, mas o quanto se fez em benefício dos outros e, principalmente, dos pobres.

Neste sentido, há duas citações muito graves e pesadas que devemos apresentar e que representam o pensamento da Igreja sobre o uso das riquezas.

Pregou São Basílio Magno, que viveu de 328 a 379: *"O pão que você guarda pertence ao faminto. O casaco que você amontoa no armário pertence ao nu. O sapato que está mofando em sua casa pertence ao desabrigado. O dinheiro que você poupou pertence à pobreza afligida. Assim, você está oprimindo tantas pessoas quantas você poderia ter ajudado com suas posses e não ajudou".*

São Cirilo de Alexandria, que morreu em 444, assim escreveu: *"Ai daqueles que juntam casa com casa e unem campo com campo, para poder tirar alguma coisa ao próximo! Assim é que agem aqueles que buscam a riqueza a todo custo e, depois de enriquecer, só porfiam por multiplicar as próprias riquezas, desnecessariamente. O rico, sempre que tiver possibilidade de lucros fáceis, torna-se insaciável. Nunca para de invadir o terreno do vizinho. Está sedento daquilo que ainda não possui. E consome-se de cobiça pelo que ainda não conseguiu. Que lhe diz, então, a palavra profética: Por acaso ireis habitar debaixo da terra?' Ou: 'Por acaso pensais que estais sozinhos na terra e que não existe um Deus que contempla tudo aquilo que estais fazendo?' Na verdade, bem próximo se acha o Senhor do céu e da terra, e ouve tudo aquilo que fazeis. De que modo?, perguntar-me-ão. Evidentemente, pelo clamor dos oprimidos que brada ao céu".*

A doutrina da Igreja, a respeito das riquezas, pode ser compendiada em dois princípios: Ninguém deve ter, contra os outros, mais do que necessita para viver. Ninguém deve ter menos do que precisa para ter uma vida digna. Quem tem mais, deve compartilhar. Quem tem insuficientemente, deve ser ajudado. Quem reza a Deus e o chama de "Pai nosso", deve também providenciar para que o "pão nosso" possa estar em todas as mesas.

Talvez valha a pena lembrar o pensamento do grande mestre espiritual e escritor indiano Rabindranath Tagore: "*Carrego em meu coração o peso das riquezas que eu não compartilhei*".

Não amaldiçoemos, infantilmente, as riquezas, mas não coloquemos nas riquezas o nosso coração. A nossa riqueza é Deus e os pobres, tanto quanto os ricos, pois todos eles são nossos irmãos, nossos queridos irmãos. Tenhamos caridade para com os pobres e os ajudemos a não desesperar sempre que passarem por nossos caminhos carregando a tristeza do pão que lhes falta.

64
Crer ou não crer, eis a questão

O Espírito do Senhor está sobre mim, porque Ele me ungiu para anunciar a Boa-nova aos pobres; enviou-me para proclamar aos aprisionados a libertação, aos cegos a recuperação da vista, para pôr em liberdade os oprimidos, e para anunciar um ano da graça do Senhor (Lc 4,18-19; Is 61,1-2).

Temos que imaginar o alvoroço que foi a chegada de Jesus em sua pequenina cidade de Nazaré, que, na verdade, era uma vila, um pequeno vilarejo, com não mais de 60 famílias, umas 300 pessoas. Jesus chegou precedido pela fama de pregador ambulante – falava como quem tinha autoridade! – e milagreiro. Já tinha feito muitos milagres e todos os nazarenos estavam curiosos para ver seu mais importante conterrâneo.

Jesus chega e, com certeza, foi direto a sua casa beijar sua mãe Maria e São José. E abraçar os amigos, os companheiros de infância e juventude. E todo mundo achegou-se a Jesus para vê-lo de perto, perguntando-se e querendo saber se Ele estava mudado e por que mudara tanto. Todos o conheciam como filho do carpinteiro José, Ele mesmo, possivelmente, também carpinteiro. E sabiam que, agora, Ele andava fazendo coisas maravilhosas e era odiado pelos doutores da lei e pelos fariseus.

Aparentemente, Jesus era o mesmo. Os mesmos olhos, a mesma pessoa cordial e amiga que todos conheciam. E Ele deve ter convidado a todos para que fossem à sinagoga, no sábado, pois lá Ele haveria de falar. E assim aconteceu. No sábado, a sinagoga se encheu e Jesus, em meio à curiosidade geral, tomou o livro das Escrituras e começou a lê-lo. E leu o que escreveu Isaías e que está no cabeçalho desta página.

Esta terá sido a primeira grande revelação de Jesus. Ele fez uma declaração que a todos surpreendeu. Após ler o Profeta Isaías, Ele afirmou: Esta passagem do profeta que assevera que o Espírito do Senhor está sobre mim, porque Ele me consagrou para anunciar a Boa-nova aos pobres, para proclamar a libertação aos cativos e aos cegos a recuperação da vista; para libertar os oprimidos e para proclamar um ano da graça do Senhor, esta passagem está se realizando agora e eu serei o seu realizador (cf. Lc 4,21).

A reação dos ouvintes foi de espanto e surpresa. Eles deverão ter se perguntado: O que terá acontecido com

Ele? Será que está falando sério? Será que Jesus não está exagerando? Será que Ele não enlouqueceu de vez?

Na verdade, o mistério de Jesus estava apenas começando a se desvendar. Não é de estranhar, então, a surpresa que causou entre seus ouvintes mais conhecidos. Eles, redondamente, não acreditaram e, por não acreditarem no que Ele dizia, Jesus não pode fazer milagres em sua própria terra. Entrou e saiu de Nazaré com certo travo na boca, afirmando que nenhum profeta é bem recebido em sua própria terra (cf. Mt 4,24).

Só o tempo irá desvelar mais amplamente a verdadeira natureza de Jesus e seu poder. Os que creram nele foram curados de suas cegueiras, paralisias, lepras e até ressuscitaram. Os que não creram continuaram vítimas de suas doenças e de suas desesperanças, não participando do ano da graça do Senhor, não sendo perdoados de seus pecados e ficando longe do anúncio da Boa-nova do Reino dos Céus.

65
Uma religião sem amor

Jesus fechou o livro, devolveu-o ao assistente e sentou-se. Os olhos de todos os presentes na sinagoga fixaram-se nele. Então começou a falar-lhes: "Eu vos asseguro: nenhum profeta é bem-recebido em sua própria terra" (Lc 4,20-21.24).

O pior dos ódios é o ódio dos parentes e familiares. Nenhum ódio é bom. O ódio é uma forma deturpada, adulterada e doentia do amor. Quando alguém não consegue amar, por admiração, acaba odiando, por medo das próprias inseguranças. Foi isso o que aconteceu com Jesus em Nazaré. Seus conterrâneos, por conhecê-lo tão bem, não foram capazes de admirá-lo, amando-o, e, assim, se refugiaram no despeito e no ódio, para se sentirem mais seguros e não terem que mudar de vida.

Jesus deve ter se entristecido muito com isso. Em sua própria terra, experimentou o que já vinha experimentando por parte dos doutores da lei e dos fariseus, que não queriam mudar de opinião. Os doutores e os fariseus estavam contentes com o que tinham, embora não fossem felizes com a religião que praticavam. A religião, para eles, se restringia a observar mandamentos e preceitos e isso eles o faziam à perfeição, mas não tinham amor. Eram religiosos sem amor. Fingidamente, seu coração estava na boca, mas sua boca não tinha coração. Aparentemente, davam seu coração a Deus, mas não o entregavam a seus semelhantes. E, por isso, eram mentirosos, como virá a dizer mais tarde o velho Evangelista São João: "Se alguém disser: 'Amo a Deus', mas odiar o seu irmão, é mentiroso. Pois quem não ama o seu irmão, a quem vê, não pode amar a Deus, a quem não vê" (1Jo 4,19-20).

A religião de Jesus se baseia em dois mandamentos: "Amar a Deus sobre todas as coisas e amar o próximo como a nós mesmos". Nisto se resume toda a Lei e os Profetas.

A pessoa humana só tem um coração. Não, dois, ou seja, um para Deus e um para os irmãos. Não dá para louvar e cantar a Deus dentro da igreja, e enganar, mentir, roubar e tratar mal o irmão fora dela.

Não dá, também, para viver casado com Deus, jurando fidelidade a Ele, e viver descasado e sendo infiel à própria família.

Não dá para anunciar o Evangelho de Deus, falando bem da Bíblia, e, depois, xingar os próprios semelhantes, falando mal deles e condenando-os por suas fraquezas.

Bem, isso todos entendemos e aceitamos, mas não é o que todos praticam. Quem assim age é, nas palavras de Jesus, hipócrita, é um sepulcro caiado, que por fora é bonito, mas por dentro está cheio de rapina e podridão.

A fé comporta um sério risco: o risco de renunciar ou vencer as mentiras do próprio coração. O coração da fé não pode ser dúbio ou dúplice, mas claro e único, luminoso e transparente. O que se professa com a boca deve estar envolto com o calor do coração. Uma religião sem amor é um teatro sem graça. Nosso coração é igualmente, sem fissuras, de Deus e dos irmãos. Caso contrário, mentimos para Ele e para eles.

66
Sob inspiração divina

Assim que acabou de falar, Jesus disse a Simão: "Faze-te ao largo e lançai as redes para a pesca!" Simão disse: "Mestre, estivemos trabalhando a noite toda e nada pescamos, mas sob tua palavra lançarei as redes". Lançaram as redes, apanharam grande quantidade de peixes, tanto que as redes se rompiam (Lc 5,4-6).

Imaginemos a seguinte cena: você é uma excelente cozinheira, uma mestra na arte dos temperos e das comidinhas gostosas. Ninguém ousaria meter o bedelho em sua cozinha com instruções minimamente competentes. Imaginemos que, um dia, Jesus entrasse em sua cozinha e lhe sugerisse: "Não me leve a mal, mas cozinhe dessa forma que você vai surpreender os comensais". E imaginemos que você lhe obedecesse, e que, quando a comida fosse levada à mesa, sua família e comensais fariam um "hummm!", comentando: "A comida hoje está diferente, nunca foi tão gostosa, está com um sabor divino".

Pois foi mais ou menos isso o que aconteceu com Simão Pedro e os outros apóstolos. Eram pescadores, mestres na arte de pescar. Conheciam o Mar da Galileia como a palma de suas mãos. E Jesus lhes diz: "Façam-se ao largo e lancem as redes!" A resposta deles não podia ter sido outra: "Mestre, estivemos pescando a noite toda e nada pescamos, mas, sob tua palavra, lançaremos as redes". O resultado nós o conhecemos. Pescaram tal quantidade de peixes que as redes se rompiam.

O mesmo pode acontecer em nossas vidas. Podemos entender do que fazemos. Podemos ser mestres na arte de viver, de educar os filhos, de relacionar-se com as pessoas. Mesmo assim, não devemos descartar a graça de Deus. Temos que fazer tudo o que fazemos, com a competência que temos, mas sempre abertos à inspiração de Deus.

Com Deus, educar os filhos. Com Deus, viver casados. Com Deus, cozinhar, dirigir um táxi, fazer pão, trabalhar num banco, ser médico, advogado, fisioterapeuta, cabeleireiro, vender jornais, rezar e ser doente. Com Deus, poderemos fazer melhor o que já fazemos bem e ser melhores do que já somos.

A mensagem deste Evangelho é esta: A inspiração de Deus não nos tira a competência, mas a potencializa. Devemos fazer, com competência, o que sabemos fazer, mas não devemos fazer nada, sem acreditar que poderemos, com Deus, fazer o que, naturalmente fazemos, ainda melhor! Vale tentar. Vale obedecer.

67
Amor aos inimigos

Ao contrário, amai os vossos inimigos, fazei o bem e emprestai sem nada esperar em troca, e grande será a vossa recompensa. Assim sereis filhos do Altíssimo, porque Ele também é bondoso com ingratos e maus (Lc 6,35).

Imaginemos como seria diferente o mundo se as pessoas e os governos das nações escutassem e obedecessem a estas palavras de Cristo: "Amai os vossos inimigos e fazei o bem aos que vos odeiam. Falai bem dos que vos maldizem e orai por quem vos calunia" (Lc 6,27-28).

Amar o próximo que é inimigo... na rua e no trabalho. Fazer o bem ao próximo que nos odeia... seja parente ou vizinho. Bendizer os que nos amaldiçoam... dentro e fora de nossas casas. Falar bem dos que falam mal de nós... dentro e fora de nossas igrejas.

Será que Jesus não estava exigindo demais de seus ouvintes e possíveis seguidores? Certamente, não! Mas estava fazendo uma revolução no coração das pessoas e em seus comportamentos sociais e religiosos. A regra era "vida por vida, olho por olho, dente por dente, pé por pé, queimadura por queimadura, ferimento por ferimento, contusão por contusão" (Ex 21,23-25). "Quem ferir mortalmente um homem será punido de morte" (Ex 21,12).

Jesus estabelece um novo parâmetro, o da fraternidade entre todos. Queria que todos vivessem como irmãos, pois todos eram filhos de um mesmo Pai. Por isso, Ele pede que amemos, que façamos o bem, que bendigamos e não sejamos maldizentes e que rezemos, que nos coloquemos diante de Deus quando formos caluniados.

Temos que reconhecer que tudo isso é difícil, é muito difícil, mas este é o caminho proposto por Jesus no Evangelho.

Será que, em nossas igrejas, é Jesus obedecido? Será que o povo, depois de participar de uma missa ou de um culto, sai fortalecido em suas convicções de que é preciso amar os inimigos, fazer o bem aos que o odeiam, bendizer os que o amaldiçoam e rezar pelos que o caluniam?

Possivelmente, não sei e não quero estar cometendo nenhuma injustiça ao afirmar que nem os padres, os rabinos e os pastores obedecem integralmente ao mandamento de Jesus do amor ao próximo. São raros, mas existem até aqueles que incentivam o ódio contra os adeptos de outras igrejas, por razões obtusas e desprezíveis, insignificantes e insustentáveis.

Na verdade, não há só santos nas igrejas, há também demônios que criam abismos que só são preenchidos por ódios e mentiras. É fácil esquecer a pregação de Jesus e é difícil obedecer ao coração do Evangelho que propõe o amor aos inimigos, o bem aos que vivem no ódio, bendizendo os que falam mal dos irmãos e rezando pelos que alimentam calúnias.

Numa palavra, que cristãos somos nós? Se Jesus entrasse em nossas igrejas e templos, será que Ele reconheceria em nós seus seguidores? Ou será que Ele ficaria triste, menearia a cabeça e diria, desanimado: Esta gente não escuta os meus conselhos, não segue o meu "novo mandamento", esta gente não tem os sentimentos de meu coração, esta gente me honra com os lábios, mas seus corações estão longe da Bíblia e do Evangelho? E se Jesus tomasse do chicote?

68
Gago e eloquente pela força de Deus

Moisés disse ao Senhor: "Pobre de mim, Senhor! Nunca tive facilidade para falar, nem antes, nem agora que falas a teu servo. A minha pronúncia e a minha fala são pesadas". O Senhor respondeu-lhe: "Vai que eu estarei com tua boca e te ensinarei o que deverás dizer" (Ex 4,10.12).

Para entender bem o relato da sarça ardente é preciso relembrar a história de Moisés. Ele é aquele menino que foi, providencialmente, salvo das águas do Rio Nilo. Cresceu na corte do faraó, protegido pela filha do senhor do Egito. Teve boa educação, mas possuía uma limitação. Era gago, tinha dificuldades de se expressar.

Mais tarde ficou sabendo que era judeu. Numa briga de rua, acabou matando um dos litigantes que, por acaso, era cidadão egípcio. Matou para defender um concidadão que estava sendo maltratado. Teve, então, que fugir. Vagou pelo deserto, até a terra de Madiã, onde foi empregado por Jetro, um abastado criador de ovelhas, que lhe deu sua filha Séfora como esposa.

Enquanto seus irmãos hebreus continuavam sofrendo e morrendo no Egito, Moisés, na casa de Jetro, apenas pastoreava ovelhas. Foi, nessa atividade, que aconteceu a famosa e simbólica cena da sarça ardente. Um dia, em meio às suas ovelhas, deparou-se com um fenômeno estranho: uma sarça, uma pequena árvore resistente do deserto, começou a pegar fogo e queimava sem se consumir. Moisés estranhou o fato e se aproximou, mas foi detido à distância por uma voz: "Moisés! Moisés! Não te aproximes! Tira as sandálias dos pés, porque o lugar onde estás é uma terra santa" (Ex 3,5).

O resto da história é bem conhecido. Deus deu-lhe a missão de libertar o povo fiel da escravidão do Egito. Moisés titubeou, resistiu o quanto pôde, inclusive alegando que era gago, que não sabia falar direito, mas Deus não se deu por vencido. Deus revelou-se a Moisés dizendo ser Aquele que É. Moisés não teve mais como fugir e obedeceu às ordens de Deus.

Este episódio bíblico deixa algumas lições. Nossa história pessoal, como a de Moisés (eis a primeira lição), pode ser um pouco estranha. Mesmo assim, dela é Deus o seu Senhor. Podemos ter nascido nas águas de um rio, vivido nos fastos de uma corte ou num barraco de favela.

Estes são detalhes menores. O importante é que Deus nos segue, está conosco e cuida dos nossos destinos.

Não podemos (segunda lição) compactuar com o mal. Se alguém está sendo ferido em sua dignidade, temos que defendê-lo. Qualquer criatura tem uma dignidade que é divina, é de origem. Ela pode ser escrava ou livre, mas é sempre digna e, por isso, merece ser defendida em nome de Deus e da Justiça.

Não precisamos ser grande coisa (terceira lição), podemos ser um simples pastor e gago, como Moisés. Mesmo assim, Deus pode nos escolher para uma grande missão, aparentemente impossível. O importante é obedecer e não tirar o corpo fora, quando entendemos que Deus nos chama para executar seus planos. Deus estará conosco com seu poder e Ele vencerá todos os faraós da vida.

Deus *é o que é*, ontem, hoje e sempre (quarta lição), enquanto todos nós, mesmo os faraós, senhores do mundo, são e deixarão de ser, um dia. Como um faraó, podemos, em nossas vidas, conhecer momentos de esplendor, mas o esplendor definitivo pertence a Deus. Em determinado momento, podemos ser vitoriosos, mas a vitória final é de Deus.

Não podemos desanimar. Temos que confiar em Deus, de forma absoluta e total (quinta lição). Devemos ter consciência de que Ele *é o que é*, e por isso é mais do que qualquer faraó. Momentaneamente, os faraós poderão parecer que estão vencendo, mas todos eles não passam de palha que o vento leva, de uma flor que, hoje, é esplendorosa, mas que amanhã murchará sob os raios do sol.

Podemos ser gagos, mas seremos mais eloquentes do que os grandes oradores, se nossas esperanças repousarem nas mãos onipotentes de Deus. Ele é santo, é três vezes santo, Ele é a sarça ardente que queima sem se consumir. Ele é a nossa força, a Ele pertence o poder.

69
De braços abertos

Mas o pai falou para os escravos: "Vamos comer e nos alegrar, porque este meu filho estava morto e voltou à vida, estava perdido e foi encontrado. E começaram a festa" (Lc 15,23-24).

O filho partiu, deixando arrasado o coração de seu pai. O irmão ficou na bronca, condenando seu irmão mais jovem. O pai, com certeza, procurou, com o passar dos dias, diminuir o rancor do coração do filho mais velho, fazendo-o entender que seu irmão estava apenas cometendo um desatino, do qual acabaria se arrependendo e que, um dia, ele voltaria. Seria preciso, então, estar de coração aberto, para recebê-lo sem condenações, sem mágoas. Ele mesmo, o pai, rezava todos os dias, pedindo a Deus para que seu filho distante não sofresse muito e voltasse para casa.

O final da história, todos a conhecemos muito bem. Um dia, com passos trôpegos, pés feridos e com a alma amedrontada, o filho pródigo apontou na última curva do caminho que conduzia a sua casa. Do ponto mais alto da vila, o pai olhava e, pelo jeito de caminhar, teve a certeza que era ele, que era seu filho que estava voltando. Seu coração de pai bateu mais forte, as lágrimas vieram a seus olhos e teve a certeza de que Deus ouvira suas orações. Era ele, era ele, seu amado filho que voltava.

Em desabalada e feliz pressa, correu ao encontro de seu filho, que se jogou a seus pés e lhe pediu perdão, dizendo que não era digno de seu amor, pedindo-lhe apenas que o acolhesse em casa como um simples servo, pois pecara contra o céu e contra ele.

O pai nem o deixou falar. Abraçou-o fortemente, olhou seu rosto, enxugou-lhe as lágrimas, ele mesmo chorando copiosamente. O pai só dizia "Meu filho! Meu filho!" e o filho só dizia: "Meu pai! Meu pai!" Os dois se abraçaram muito, misturando as lágrimas da mesma felicidade.

Este pai é a imagem de Deus, que está sempre à espera de todos os seus filhos, não importa como eles sejam, pecadores, ingratos, ou não. Nesta história só há uma certeza: Deus é Pai, sempre pronto para um abraço e para uma festa. Deus não quer que ninguém viva entre porcos, num chiqueiro, mas que, arrependido, volte para sua casa e para seus braços.

Voltemos! Deus está nos esperando. Não tenhamos medo dos nossos desatinos e pelo que fizemos. Como costuma dizer o Papa Francisco: "Deus não se cansa de perdoar. Nós é que nos cansamos de pedir-lhe perdão".

Confiemos apenas que o coração de Deus é maior do que os nossos delírios tresloucados e de nossas experiências frustradas de felicidade. Ao voltarmos, Deus virá correndo em nossa direção para nos abraçar. Nem nos deixará pedir perdão. Nos perdoará e nos convidará para a festa, pois estávamos perdidos e fomos encontrados, estávamos mortos e estamos, agora, vivos! Esta é a alegria que o Pai sente. Esta poderá também ser a alegria dos filhos que voltam com os pés feridos.

70
Corações de pedra

Então os escribas e fariseus trouxeram uma mulher apanhada em adultério, colocaram-na no meio do círculo e disseram a Jesus: "Mestre, esta mulher foi surpreendida em flagrante adultério. Na Lei, Moisés nos manda apedrejar as adúlteras; mas tu o que dizes"? (Jo 8,3-5).

Que quadro bonito e triste, ao mesmo tempo! No meio da roda, a mulher, de joelhos, envergonhada, cabeça baixa, descabelada, lágrimas nos olhos e no coração, tremendo, cheia de medo. Ao redor, os acusadores, os donos da religião, façanhudos, iracundos, com pedras nas mãos e com uma pedra no lugar do coração. Rancorosos, hipócritas, prontos para apedrejá-la e armando uma cilada para testar Jesus. Primeiro, queriam matar a mulher e depois queriam ter razões para prender e matar Jesus.

Não sabiam eles com quem estavam tratando. Com certeza, sabiam o que eles mesmos tinham feito. Possivelmente, eram eles os mais assíduos clientes daquela "pecadora pública". E não se envergonhavam. Se Jesus tivesse perguntado: "Mulher, conheces os teus acusadores?", ela lhe teria respondido que sim e teria denunciado um por um com nome e sobrenome.

Aonde não chega a compaixão humana, ali se faz presente a misericórdia de Deus. Jesus olhou para aqueles sepulcros caiados e lançou um desafio: "Aquele de vós que não tiver pecado atire-lhe a primeira pedra" (Jo 8,7) Por essa, eles não esperavam. Então, mais envergonhados do que a pobre mulher, eles se foram retirando, a começar pelos mais velhos que mais culpa tinham, com certeza, no cartório.

Só ficou Jesus, a misericórdia de Deus, e a pobre mulher, pedindo misericórdia. Ele, compadecido, deve ter olhado para ela com ternura, e a perdoou. Ela, com certeza, se levantou, abraçou Jesus e lhe disse apenas: "Muito obrigado". Ao que Jesus, olhando no fundo de seus olhos, lhe recomendou: "Mulher, vai em paz, retorna para a tua casa, para a tua família, sê uma boa esposa e mãe, e, de agora em diante, não peques mais" (v. 11).

Sobra-nos uma pergunta: Com quem mais nos parecemos? Com os acusadores hipócritas e desavergonhados ou com Jesus misericordioso? Quem não se parece, ao menos em parte, com esta pecadora pública? Como nós, ela não era santa. Nós, também, não o somos. Temos as nossas fraquezas e pecados, é mister reconhecê-lo, tanto assim que sempre rezamos: "Senhor, tende piedade de nós". E uma ressalva: Não podemos ser como os mestres da lei e os fariseus, gente de coração de pedra, com pedras na mão, prontos para lapidar os outros, pecadores como eles e como nós.

Segundo uma tradição, Jesus teria pedido, no Dia do Natal, a São Jerônimo: "*Dá-me os teus pecados*!" Queremos dá-los hoje, porque Jesus é a misericórdia de Deus, é aquele que tira os pecados do mundo.

Como a pecadora pública, queremos voltar para casa para não mais pecar. Mas se isso, por fraqueza, voltar a acontecer, desejamos reencontrar Jesus para que nos tome pela mão, nos erga e nos perdoe. Que Ele nos dê um grande abraço, o abraço de Deus, um grande abraço de perdão e nos faça experimentar a sua misericórdia.

71
Hora de parar o próprio esquife

Ao aproximar-se da porta da cidade, saía o enterro de um jovem, filho único de uma viúva. Uma multidão numerosa da cidade o seguia. Ao vê-la, o Senhor ficou com pena e disse-lhe: "Não chores" (Lc 7,12-13).

Não é difícil imaginar a cena: Jesus, coberto de poeira e já cansado, acompanhado por um grupo de pessoas, entre as quais seus discípulos e gente esperançada de um milagre, vinha entrando no pequeno vilarejo de Naim, com suas 50 casas, se tanto, quando se depara com um outro grupo, este carregando o caixão de um jovem, filho único de uma pobre viúva da localidade. Ela, toda de preto, e chorando. Quem era esta "pobre viúva" de Naim? O Evangelho não registra seu nome. Aliás, qual a necessidade de registrar seu nome? Ela era apenas mais uma mãe que perdia e chorava a dor de ter perdido seu único filho. Diante desta dor, Jesus sentiu compaixão e disse para ela: "Não chores!" Tocou no caixão e fez parar o cortejo.

Ninguém de nós teria tido esta coragem. Diante da morte, as pessoas sentem, normalmente, apenas respeito e ficam em silêncio. Faltam-lhes coragem. Jesus a teve. A força de Deus e a piedade de um verdadeiro homem de Deus tomaram conta de Jesus.

Os que carregavam o morto pararam e todos ficaram entre surpresos e suspensos. Perguntavam-se: O que Ele irá fazer? Será que vai rezar? Ou irá fazer um discurso sobre o sentido da morte? Jesus nem considera a surpresa do povo, mas simplesmente ordena: "Jovem, eu te ordeno, levanta-te!" (Lc 7,14).

Se o povo, antes, estava surpreso e suspenso, mais surpreso e suspenso ficou quando o morto se sentou e começou a falar (v. 15). A surpresa do povo passou a ser de medo e admiração. De medo porque eles nunca tinham visto um morto se sentar e voltar a falar; de admiração porque Jesus se apresentava como quem manda até na própria morte.

Podemos imaginar a alegria da pobre viúva e mãe! Imagino que ela tenha abraçado Jesus e chorado em seus braços. E depois o tenha arrastado para sua casinha para oferecer-lhe o que tinha de melhor. O assunto na pequena Naim não foi outro por muito tempo, aliás, perdura até aos dias de hoje. Naim para seus habitantes e para todos nós é uma pequena vila em que Jesus ressuscitou um morto, filho único de uma pobre mulher que era viúva.

A distância do fato pode deixar-nos um pouco insensíveis. Mas acorda em todos nós uma grande admiração e veneração por Jesus, que curava os doentes, expulsava os demônios e ressuscitava os mortos.

Se Jesus tudo podia – até ressuscitar os mortos – por que não confiar de forma total e absoluta em seu poder? Por que duvidar de suas emoções e misericórdia? Por que não crer em sua compaixão? Não é verdade que vamos, às vezes, arrastando pela vida os nossos mortos sem acreditar no poder de Deus? Não é verdade que vamos, às vezes, chorando pela vida toda, como a pobre viúva de Naim, os nossos mortos, os nossos amores mortos, as nossas frustrações profissionais e as nossas tristezas afetivas, não parando diante de Jesus que poderia nos curar, nos consolar e, até, ressuscitar?

É hora de parar o esquife dos nossos mortos e deixar que Jesus o toque. É hora de crer no seu poder! Ele tudo pode! Nada para Ele é impossível. O milagre, que tanto desejamos, só não acontecerá se não deixarmos que Jesus se aproxime e nos toque. Mas se Ele nos tocar, com certeza, cantaremos de alegria e nos jogaremos em seus braços para chorar lágrimas de felicidade num grande abraço de gratidão e de louvor.

72
Não inflacionar o pecado

Ao ver isso, o fariseu que o tinha convidado ficou pensando: "Se este homem fosse profeta, saberia quem é e que espécie de mulher é esta que o toca: é uma pecadora". Tomando a palavra, Jesus lhe disse: "Simão, tenho uma coisa a dizer-te" (Lc 7,39-40).

De Maria Madalena, Jesus teria expulsado "sete demônios". Sete não quer dizer sete, mas que ela era uma grande pecadora, assim como era uma "grande pecadora" a mulher que entrou na casa do fariseu Simão e assim era conhecida por todos, inclusive, por Simão, que podia ser seu cliente. Por isso, Simão nem impediu sua entrada, com medo, com certeza, de um escândalo. Se ela abrisse a boca, o escândalo seria, sem dúvida, grande, e Simão não teria onde esconder sua cara e vergonha.

Jesus estava reclinado à mesa, e não sentado numa cadeira como fazemos nós, hoje, ao comer. Seus pés ficavam a uma certa altura, propiciando a cena que o Evangelho descreve. Ela entrou, abraçou os pés de Jesus, chorou, banhando-os com lágrimas e os enxugou com seus cabelos, depois de beijá-los e perfumá-los.

Este é o quadro, mas a cena principal é a que se segue. Simão estranhou que Jesus se deixasse tocar por ela, grande pecadora. Simão desconhecia que Jesus fora enviado "para os pobres, os doentes e os pecadores". Jesus não viera para aplaudir os que observavam a Lei, mas para salvar os miseráveis e os necessitados de misericórdia. Viera para esta "grande pecadora".

Jesus sentencia para espanto de Simão e para instrução aos presentes e discípulos: "Os muitos pecados que ela cometeu estão perdoados, porque ela mostrou muito amor. Aquele a quem se perdoa pouco mostra pouco amor. A quem muito ama, muito lhe será perdoado" (Lc 7,47).

Que pecadores somos nós? Grandes? Pequenos? Públicos? De Igreja? Que importa? O importante é termos ou não um grande, muito amor. Se assim formos, então, com certeza, seremos muito perdoados. Se manifestarmos grande amor a Deus e aos irmãos, não precisamos alimentar a obsessão dos nossos pecados. Deus e os irmãos hão de perdoar-nos.

Não é assim que agem os pais? Às vezes, o filho mais "pecador" ou faltoso é também aquele que mais ama. Os pais dizem: "Ele tem suas fraquezas, mas é um filho querido. Não dá para não perdoá-lo. Ele tem um bom, um grande coração".

Mais importante do que uma vida presunçosamente certinha é um coração que ama. O centro da história, da nossa história e de todas as histórias, não é o pecado, o nosso pecado, mas a misericórdia de Deus. "A transgressão [de Adão] não se compara com o dom [de Cristo]" (cf. Rm 5,15). São Paulo afirma com absoluta correção: "Onde o pecado se multiplicou, mais abundante tornou-se a graça" (5,20). Dos nossos pecados devemos sempre, com certeza, nos arrepender. Mas só devemos temer não confiar na graça e no perdão de Deus, nosso Pai. Seu coração bate por nós, quando nosso coração bater, com amor, para fora de nós mesmos.

Lembraria, como apêndice a esta passagem evangélica, a insistência do Papa Francisco que afirma que o coração da mensagem de Jesus é a misericórdia. E lembro-me de um velho mestre e especialista francês em Antigo Testamento, Padre Henri Cazelles, que me ensinou quando era seu aluno na Catholic University de Washington: Dizia ele com um olhar rútilo de convicção: "Deus é graça, somente graça, nada mais do que graça. Tudo o que Ele faz e diz é graça. Por graça nos cria, nos faz crescer mergulhados em sua graça e, quando morrermos, Ele fechará com graça nossos olhos. E ao abrirmos estes olhos, na eternidade, concluía, estaremos vendo o Deus de todas as graças". Deus, repetia ele sem se cansar ou pestanejar: "Deus é graça, somente graça, não pode ser outra coisa senão graça". Esta é a mais importante revelação e lição que aprendi em minha pobre vida espiritual (cf. meu livro *De coração aberto*. Aparecida: Santuário, 2000, último capítulo).

73
João Batista e Jesus

O medo apoderou-se de todos os vizinhos e o fato espalhou-se por todas as montanhas da Judeia. E todos que ouviam isso diziam pensativos: "O que será deste menino?", pois a mão do Senhor estava com ele (Lc 1,65-66).

Não posso não me encantar com a excelsa figura de João Batista. O mínimo que ele me inspira é uma espiritualidade encantada. Ele foi encantado por Jesus e nós somos seus seguidores nesse encantamento.

Ele se revestiu com a inocência dos puros e com a veemência dos mártires. Coberto com uma veste de pelos de camelo e comendo gafanhotos e mel silvestre (cf. Mt 3,4), foi rude em seus hábitos pessoais, mas sem deixar de apresentar doçura no olhar e limpidez em suas convicções. Dele, pode-se dizer, foi grande e humilde, ao mesmo tempo.

Ao mesmo tempo, também, foi despojado e profeta duma religião a céu aberto. Foi intrépido e fiel. Andava na frente. Puxava a procissão. Não se omitia. Não deixava de falar. Vergastava, sem piedade, quando se fazia necessário; mas tinha palavras cuidadosas de ternura e compreensão para com os pobres e o povo em geral.

Foi líder, grande pregador e condutor de multidões e, ao mesmo tempo, foi a consciência moral de seu tempo, apontando o dedo para as classes dominantes e pedindo que se convertessem e fizessem penitência. Apontou o dedo para Herodes e lhe disse: "Não te é permitido viver com a mulher de teu irmão" (Mc 6,18; Mt 14,4).

Perdeu a cabeça, mas não perdeu a dignidade. Só foi derrotado pelo ódio e pela consciência atormentada de uma concubina.

Não se achava digno de desatar as sandálias daquele que vinha anunciando e saiu de cena com uma frase cheia de humildade: "É preciso que Ele cresça e eu diminua" (cf. Jo 1,27). E foi exaltado por Jesus com outra frase imortal: "Dentre os nascidos de mulher, ninguém é maior do que João Batista" (Mt 11,11).

A grandeza de São João Batista não deixa de ser exaltante. Marcou o seu tempo, quando as multidões acorriam a ele, e continua despertando admiração em nós, ainda hoje, por suas palavras repassadas de humildade e por sua retidão íntegra e corajosa.

Mas se João Batista foi tão grande, o que não dizer de Cristo? Tentemos um paralelo: se diante de João Batista nos quedamos admirados, diante de Cristo, nos ajoelhamos em adoração.

Para João, confessamos nossos pecados; para Cristo, pedimos perdão, pois é Ele quem tira o pecado do mundo. João foi grande como homem, em todos os sentidos. Cristo foi verdadeiramente homem e verdadeiramente Deus, por natureza.

A João pedimos que nos fale; queremos ouvir seus conselhos e sua voz; a Cristo confessamos e reconhecemos ser a Palavra de Deus que queremos seguir, o Evangelho que queremos, juntos, viver e anunciar.

Em torno de João queremos estar, ao menos um dia por ano; no dia de sua festa; com Cristo, queremos estar todos os dias de nossas vidas.

Para João, batemos palmas; para Cristo, consagramos nossa vida e damos nosso coração.

Diante de João, nosso silêncio é de admiração; diante de Cristo, nosso silêncio é de alegria. Se amamos a João porque foi grande, amamos a Cristo porque, sem Ele, não podemos viver.

Que Deus nos dê um coração de advento, que espera o Salvador, e uma alma de João Batista, que o confessa como aquele que devia vir e que viria com a força do Espírito Santo.

Feito este paralelo, reflitamos um pouco sobre o começo da vida pública de Jesus. Esta vida começa quando o céu se abre, em seu batismo, e se ouve uma voz que revela e ordena: "Tu és o meu Filho amado, de ti eu me agrado" (Lc 3,22; Mt 3,17). Jesus sai das águas do Rio Jordão revestido com a força do céu ou do Espírito Santo.

E começa por formar sua equipe de trabalho, elegendo seus apóstolos. Chama, primeiramente, André e Pedro e, depois, Tiago e João. Posteriormente, vai chamando os demais, até atingir o simbólico número 12, correspondente as 12 tribos de Israel. Com os 12 apóstolos, há uma nova eleição e aliança e é criado um novo povo fiel. Este povo fiel começa a caminhada, atrás de Cristo, na fé. Disse Jesus: "Vinde e vede" onde eu moro. Ele, na verdade, não morava aqui ou ali. Ele morava em Deus e estava cheio da força do Espírito Santo.

74
São Pedro e São Paulo

Simão Pedro respondeu: "Tu és o Cristo, o Filho de Deus vivo". Em resposta, Jesus disse: "Feliz és tu, Simão filho de Jonas, porque não foi a carne nem o sangue quem te revelou isso, mas o Pai que está nos céus. E eu te digo: Tu és Pedro e sobre esta pedra construirei a minha Igreja e as portas do inferno nunca levarão vantagem sobre ela. Eu te darei as chaves do Reino dos Céus" (Mt 16,16-19).

No dia 29 de junho, a Igreja celebra dois heróis da fé, dois estelares e entusiásticos seguidores de Jesus. São Pedro e São Paulo são as duas principais colunas sobre as quais se assentou e se cimentou a Igreja Primitiva. A trajetória histórica e espiritual destes dois apóstolos desperta em nós surpresa, admiração e alegria.

QUEM FOI E ERA SÃO PEDRO? Um pobre pescador, pobre e rude, rude e iletrado. Casado, tinha sogra, não sabemos se tinha filhos. Vivia da pesca, em Cafarnaum. Devia ter muitos amigos, porque era leal e sincero, resoluto e fiel. Não escondia o que pensava, embora fosse mais instintivo que elaborado em seus pensamentos e em suas ações. Com a mesma imprudência, era capaz de desembainhar a espada para cortar a orelha de Malco (cf. Mc 14,47) e de acordar Jesus, que dormia no fundo do barco, aos gritos e sem cerimônias (Mt 8,23ss.).

Ao mesmo tempo, era capaz de se achar indigno de ter seus pés lavados por Jesus (cf. Jo 13,6) e foi capaz de se mostrar pronto para acompanhar Jesus até à morte (Mc 14,31). Assim era São Pedro. Não tinha meias-palavras nem meias-medidas, e alimentava uma grande admiração pelo Mestre. Por isso, chorou amargamente ao ver os olhos de Jesus pousarem sobre ele, depois de tê-lo negado três vezes, assim como fez uma tríplice confissão de amor a Ele junto do Lago de Tiberíades (cf. Jo 21,15ss.).

QUEM FOI E ERA SÃO PAULO? Foi um fariseu letrado e bem-formado na Lei e nos Profetas. Era cidadão romano. Isso não era pouco para aqueles tempos. Era, digamos, um intelectual soberbo e arrogante, uma pessoa intolerante e sem escrúpulos. Quando da morte de Estêvão, parece ter, insensivelmente, se comprazido (cf. At 7,58; 8,1). Este comportamento de Paulo é assustador. Ninguém de nós, com certeza, teria reagido com tal frieza diante do apedrejamento nem mesmo de um inimigo. Saulo, sim, ele não escondeu seus sentimentos cruéis, "ele devastava a Igreja" (cf. At 8,2).

Mas, por outro lado, esta mesma pessoa, que era capaz de entrar nas casas dos cristãos primitivos para prendê-los e arrastá-los à prisão, também foi, ao mesmo tempo, capaz de enfrentar os piores sofrimentos (2Cor 11,24ss.), depois de convertido. Por sua personalidade passional, engajou-se, com corpo e alma, tanto no mal que praticou, quanto no bem que, posteriormente, realizou. Ninguém, como ele, penetrou mais profundamente no mistério da pessoa de Jesus. Ninguém, como ele, chegou mais perto da natureza humana e divina de Cristo. Ninguém, como ele, afirmou: "Para mim, a vida é Cristo" (Fl 1,21). Ninguém, como ele, ensinou: "Tende em vós os mesmos sentimentos de Cristo" (Fl 2,5). Ninguém como ele chegou a confessar: "Já não sou eu que vivo, é Cristo que vive em mim" (Gl 2,20). Ele se confessava "prisioneiro de Cristo Jesus" (Ef 3,1) e "embaixador algemado" (6,20).

Sobre Pedro e Paulo, mais, muito mais poderíamos dizer para tentar entendê-los. Mas, talvez, não seja necessário. Uma coisa é certa: se tivéssemos que escolher os chefes futuros para um nosso empreendimento, com certeza, não escolheríamos um rude pescador da Galileia, nem um fanático judeu de Tarso da Galícia. Sobre os dois, pesavam grandes restrições. Mas o que para nós seria um impedimento, não o foi para Jesus e para Deus. Na hora da escolha, Jesus apontou para eles e disse: São vocês! Sobre Pedro construirei a minha Igreja e a Paulo entregarei a missão de evangelizar os pagãos.

Paulo escreverá, mais tarde: "Carregamos a graça de Deus em vasos frágeis" (2Cor 4,7) e "tudo posso naquele que me conforta" (Fl 4,13). E mais: "Onde mais se declara a fraqueza, ali mais se revela a força de Deus" (cf. 2Cor 12,9). "Quando me sinto fraco, então é que sou forte" (v. 10).

No fundo, no fundo, todos nós somos, ao mesmo tempo, Pedro e Paulo. Somos o Pedro da impulsividade e da sem-cerimônia, e o Pedro do amor fiel e covarde, da paixão desmedida e voluntariosa. E somos o Paulo das intolerâncias e da crueldade, e o Paulo caído dos cavalos prepotentes e humilhados, o Paulo da coragem e da paixão por seu divino salvador crucificado.

Com pequenas diferenças, para mais ou para menos, somos Pedro e Paulo! O que não muda é a graça de Deus. Ela nos acompanha e nos trabalha, apesar dos nossos orgulhos e rudezas. Deus está a nos garantir: "Basta-te a minha graça!" "Eu estarei contigo até o fim dos tempos! As portas do inferno não hão de prevalecer contra meus eleitos e escolhidos!"

Somos nós estes eleitos e chamados por Deus, os Pedros e os Paulos de todos os tempos. Hoje, queremos pedir que Deus nos perdoe por nossas traições e rezar a Ele que continue a colocar sua graça em nossos vasos frágeis. Dele somos e só por Ele queremos, em definitivo, viver. E lhe agradecemos pela Igreja que temos. Queremos ser fiéis a ela, amá-la e fazê-la crescer como o grão de mostarda da parábola de Jesus, para que, finalmente, os pássaros descansem em sua sombra, e que possa haver, um dia, um só rebanho e um só Pastor.

75
Nomes escritos no céu

Depois disso, designou Jesus outros setenta e dois discípulos e os enviou dois a dois na frente a toda cidade e lugar aonde havia de chegar. E lhes disse: "A colheita é grande, mas os trabalhadores são poucos; pedi, pois, ao dono da colheita que mande trabalhadores para a colheita. Ide, eu vos envio como cordeiros para o meio de lobos" (Lc 10,1-3).

Vamos imaginar a cena. Jesus escolhe e envia 72 discípulos às vilas e aldeias que deveria visitar. 72 é muita gente! Jesus galvanizava as multidões. Já havia muita gente entusiasmada com os milagres que Jesus vinha fazendo.

Nos capítulos anteriores, Lucas atesta que Jesus vencera o demônio (as 3 tentações), curara a sogra de Pedro, curara todos os doentes trazidos para frente da casa de Pedro, perdoara os pecados e curara um paralítico que fora descido pelo telhado de uma casa.

Além disso, fizera-se amigo dos pecadores, para escândalo dos fariseus e doutores da lei; proclamara-se senhor do sábado; transformara água em vinho, num casamento, em Caná; ressuscitara o filho da viúva de Naim; curara a mulher que sofria de uma hemorragia de sangue há doze anos e curara o criado de Jairo, chefe da sinagoga.

Estes são uns poucos milagres ou sinais que Lucas relata. Por isso, não é de admirar que muita gente o acompanhasse e que Ele não encontrou dificuldades para enviar 72 discípulos para anunciar o Reino de Deus.

Era gente despreparada e, ao mesmo tempo, entusiasmada. Muitos viam em Jesus o Messias, "aquele que devia vir" e que era esperado por todo mundo. Não dá para saber muito bem como os 72 se desempenharam da missão, mas o certo é que voltaram felizes da vida (10,17), contando maravilhas a Jesus, dizendo que até os demônios lhes tinham obedecido "por causa de seu nome" (10,17).

Padres e pastores estão, em geral, bem preparados para anunciar a mensagem cristã e evangélica da salvação, mas nem sempre o povo os entende. Na verdade, falam muito e muito difícil, alguns esbravejam iradamente, criam e expulsam demônios imaginários e falaciosos, dão explicações desnecessárias, quando as necessidades do povo são mais simples e mais concretas. Podemos imaginar que os 72 enviados eram pessoas simples, gente do povo, e o povo os entendia sem dificuldades. Falavam o que o povo queria e precisava escutar. Daí, por isso, o sucesso da missão deles e a felicidade que experimentaram.

Mas Jesus acrescenta: "Não vos alegreis que os espíritos se vos submetem. Alegrai-vos, antes, porque vossos nomes estão escritos no céu" (v. 20).

Normalmente, são os pais, os professores, os agentes de Pastoral e homens de Igreja que falam de Deus para os outros. A felicidade não está no sucesso que experimentam ou nos aplausos que recebem pela generosidade do povo, mas na bênção que recebem de Deus por anunciar a Jesus como "caminho, verdade e vida" (Jo 14,6).

Os homens deste mundo lutam e suam para ter sucesso. As empresas se autoproclamam bem-sucedidas quando os lucros são grandes. Mas um pobre padre e um pobre pastor que se expressam mal, que não têm invejáveis dotes intelectuais, podem ser muito felizes, porque, segundo Jesus, seus nomes estão escritos no céu. Apenas, para dar um exemplo, conheci um sacerdote que foi o padre mais rombudo teologicamente dos muitos que passaram por meus caminhos. Pois bem, era amado e querido, vivia sorrindo, era acolhedor, o povo o olhava com admiração e deixou muitas saudades quando morreu.

O que vale não é o que fazemos e o sucesso que obtemos, mas a bênção, a graça e a generosidade de Deus. Que padres e pastores, não deixem de testemunhar com alegria o Reino de Deus, sem, no entanto, cansar e irritar os ouvintes. O Papa Francisco orienta os pregadores a não falarem mais de dez minutos e que o façam "em nome de Jesus", espalhando com simplicidade e afeto as sementes do Reino. Que plantem e deixem a Deus a graça da vida e a força da semente. Nisso repousará e consistirá sua maior e verdadeira felicidade.

76
A graça da comida

Pondo-se eles a caminho, Jesus entrou num povoado. Uma mulher, de nome Marta, o recebeu em sua casa (Lc 10,38).

Jesus garantiu, um dia, que "não só de pão vive o homem". É verdade. Vivemos também de amor, de justiça, de educação, de saúde e segurança, mas vivemos também e essencialmente de comida. Comer é não só uma necessidade vital, é também uma fonte de alegria e de boa convivência. Servir a mesa e estar à mesa são gestos sociais de alta espiritualidade. O contrário é razão para tristezas e sofrida injustiça.

Pois bem. Jesus foi acolhido por Marta em sua casa. Ele deve ter chegado cansado e coberto pelo pó das estradas. As irmãs Marta e Maria se prodigalizaram em atendê-lo da melhor forma possível, lavando-lhe os pés e servindo-lhe uma boa refeição. Desta última tarefa se encarregou Marta, a dona da casa e a irmã mais velha. Maria, possivelmente pouco afeita aos afazeres domésticos, deixou-se ficar aos pés de Jesus, escutando-o e fazendo-lhe sala.

Mas Marta se impacientou. Também queria curtir a presença de Jesus. Impacientou-se e reclamou por Maria deixá-la sozinha com os afazeres da cozinha. Jesus, depois de tê-la ouvido, lhe ensinou: "Marta, Marta, andas muito agitada e te preocupas com muitas coisas. Entretanto, uma só coisa é necessária. Maria escolheu a melhor parte que não lhe será tirada" (v. 41-42).

Não podemos imaginar Jesus indelicado com os serviços de Marta, serviços dos quais usufruiria em poucos momentos. Mas podemos tirar duas lições de seu comentário. Em primeiro lugar, o que é bom é bom, como a comida. Mas o que é bom pode ser relativo e passageiro. Em segundo lugar, há um bem que não passa e é de absoluta necessidade para as pessoas. No caso, escutar a Palavra de Deus. Uma coisa não se opõe à outra, mas a segunda tem prioridade sobre a primeira.

Mas há outras lições, digamos sociais, a tirar desta passagem evangélica, como acudir os necessitados, acolhê-los em casa, não deixar os famintos sem um prato de comida, não reclamar de quem não trabalha por um motivo mais premente, como sentar-se aos pés de Jesus para ouvi-lo. Há coisas que não nos serão tiradas, mesmo quando fazemos um bem que é importante, como comer e servir. Com dois adjetivos podemos dizer que há coisas urgentes, como comer, e essenciais, como estar aos pés de Jesus.

Termino esta reflexão manifestando minhas simpatias por Marta e por Maria. E reproduzo a Oração da Panela duma camponesa de Madagascar.

"Senhor, dono das panelas e das marmitas, não posso ser a santa que medita aos vossos pés. Não posso bordar toalhas para o vosso altar. Que eu seja, então, a santa ao pé do meu fogão. Que o vosso amor esquente a chama que eu acender e faça calar minha vontade de gemer a minha miséria. Eu tenho as mãos de Marta, mas quero também ter a alma de Maria. Quando eu lavar o chão, lavai, Senhor, os meus pecados. Quando eu puser na mesa a comida, comei também, Senhor, junto conosco. É ao meu Senhor que sirvo, servindo minha família."

77
Gente sem coração

Vendei vossos bens e dai esmola; fazei-vos bolsas que não se gastem, um tesouro inesgotável nos céus, onde o ladrão não chega nem a traça corrói; porque onde estiver vosso tesouro, aí estará também o vosso coração (Lc 12,33-34).

Jesus faz uma grave advertência: "Atenção! Tomai cuidado contra todo tipo de ganância, porque, mesmo que alguém tenha muitas coisas, a vida de um homem não consiste na abundância de bens" (Lc 12,15). Jesus não podia ser mais claro. E todos sabemos que a sua advertência é correta. A felicidade não depende da abundância de bens. É possível ser feliz com menos, com pouco, sem ambicionar o supérfluo, que os Mestres espirituais chamam de "as pompas de satanás".

E Jesus contou a parábola do homem rico "cujas terras lhe deram uma grande colheita" (v. 16). Ele pensava consigo que, agora, podia descansar em paz, porque estava garantido "por muitos anos". Podia "descansar, comer, beber, festejar". Jesus o chama de tolo. "Insensato! Ainda nesta mesma noite tirarão a tua vida e para quem ficará o que acumulaste"? (v. 20).

Nos *Fioretti* de Santo Antônio de Lisboa e de Pádua conta-se que o santo foi chamado para encomendar o corpo de um homem muito rico que tinha morrido. Santo Antônio explicou que não podia encomendar o morto porque ele não tinha coração. Diante da surpresa dos presentes, pediu que verificassem onde ele o tinha deixado e o encontraram no cofre de dinheiro.

Para tudo há uma medida. Temos, com certeza, que trabalhar para viver, mas não viver só para o trabalho e para acumular bens sem conta. Isso tudo é tão simples e verdadeiro que causa estranheza a falta de sabedoria das pessoas que exageram na busca de sempre mais coisas e bens.

Para ser feliz não é preciso ter tudo e sempre mais. Basta ter o suficiente para viver bem, sem exageradas e grandes preocupações materiais. Não são os milhões que nos fazem mais felizes. Para ser feliz é preciso respeitar os limites de nossas possibilidades físicas, mentais e espirituais. Jesus foi um mestre da arte de viver.

A preguiça é um vício e até um pecado capital a ser evitado, mas o trabalho exagerado também o é. Muitas famílias se ressentem quando alguém de casa, ao amor, prioriza o trabalho. Como disse Jesus, tais pessoas são insensatas. Ocupam-se de tudo e trabalham dia e noite, mas não são felizes nem fazem felizes os demais, porque colocam o coração em tesouros perecíveis, que os ladrões roubam e as traças corroem. Ao entrarem em sua casa, tais pessoas deveriam encontrar um cartazete em que estivesse escrito: "Aqui está o teu tesouro. Aqui coloca o teu coração".

78
Riqueza maior não há

Meu filho, escuta a instrução de teu pai e não rejeites o ensinamento de tua mãe, pois serão diadema para tua cabeça e um colar para teu pescoço (Pr 1,8-9).

Corrige teu filho, e ele te dará descanso, dando prazer à tua vida (Pr 29,17).

Honra teu pai de todo o coração, e não esqueças as dores de parto de tua mãe. Lembra-te de que por eles foste gerado: o que lhes poderás dar por tudo que te deram? (Sb 7,27-28).

A família é um tesouro sem preço, um sonho vivo, desejável e imorredouro, um porto seguro nas horas de borrasca. Se todas as portas da vida se fechassem para nossa dor e tentativas frustradas, a porta de nossa família continuaria aberta. Nela podemos entrar sem bater e nela confiar, apesar dos trancos que a vida nos inflige.

Nada é tão importante quanto a família. A família é mais importante do que a religião. Uma, com certeza, não exclui a outra, mas nascemos família e na família, e não religião e numa igreja. A religião deveria servir de ajuda, fundamento e incentivo à família, assim como a família deveria acolher, promover e orgulhar-se da fé que professa. Mas o maior dos valores "compostos" que temos é o da família. A vida, em si, é, com certeza, o supremo valor.

Seguem-se algumas considerações sobre a difícil arte de viver em família e sobre sua importância, lembrando que Deus deu a seu Filho a graça de uma família humana. Jesus poderia ter aparecido e salvado a humanidade sem uma dependência familiar. Deus, no entanto, destinou-o e determinou que fosse filho de Maria numa família.

Família e trabalho: O trabalho é muito importante, porque garante a subsistência da família. Diz-se, popularmente, que "em casa em que falta pão, todo mundo grita e ninguém tem razão". Mas o trabalho é suplemento para a família, sendo, comparativamente, menos importante do que ela. O trabalho não pode servir como justificativa para cuidar menos da família. Isso todo mundo aceita, mas, na prática, nem todos assim se comportam. Às vezes será preciso diminuir as horas de trabalho para dar mais tempo à família.

Família e a boa convivência: Na família, ninguém deveria mandar, como ditador, ou se julgar superior, como fariseu. Os casais sabem que, quando alguém vence dentro de casa contra os outros, todos perdem. Com certeza, mais importante do que vencer é amar. E, às vezes, é preciso saber renunciar para que a família continue unida e em paz. A boa convivência é fonte e condição para a felicidade.

Família e o orgulho dos pais: Um pai e uma mãe devem, acima de tudo, sentir orgulho de seus filhos, tanto ou mais que provê-los de bens materiais. Estes podem ser importantes, e o são. Mas eles vêm e vão, existem e mudam de moda e urgência. Não se pode abusar deles, porque dá para viver sem este ou aquele. Mas mais tarde, quando os filhos crescerem, nunca se esquecerão de que seus pais sentiam orgulho deles. De concreto, meus pais deixaram poucos bens materiais a nós, seus filhos. Mas nenhum de nós desconhece e se esquece do sentimento deles por nós. Parecia que nos diziam: "Somos pobres, mas temos uma grande riqueza: vocês. Disso nos orgulhamos".

Família e o amor dos filhos: Os pais, os filhos não os escolhem, mas eles são uma graça de Deus e da vida para nós. Não importa como sejam. Poderão ser iletrados, ter defeitos, não ostentar um primor de beleza apolínea, ou não merecer os elogios da sociedade em que vivem. Mas amar um pai e honrar uma mãe é um mandamento divino. Felizes os filhos que têm a sabedoria e obedecem a este mandamento!

Família e o perigo da satanização: É fundamental para a harmonia familiar não satanizar um membro da família, como se todo o mal dependesse dele. Mais do que de reprimendas, estigmas e condenações, as pessoas precisam de ajuda e compreensão. Os filhos precisam da aceitação dos pais, a mãe do marido e dos filhos, e o pai das atenções de sua mulher e dos filhos. Sem estas boas relações básicas, a família se desfaz, tornando as distâncias geográficas futuras menores do que as afetivas.

Família e as manifestações de apreço: Não ter medo de um abraço, de um beijo ou de manifestar carinho e afeto dentro de casa. Nunca deixar de manifestar apreço uns aos outros e conversar sempre, abrindo o coração sem medo, sem agressões ou críticas descabíveis e amargas, com confiança, na compreensão mútua. Enfim, todos têm o mesmo destino e vivem debaixo do mesmo teto, todos mamaram no mesmo peito, comeram do mesmo sal e açúcar e formam uma única e mesma família. Já que a família tem a mesma cara, por que não falar a mesma língua, a língua do coração que ama e das mãos que aplaudem? Sem recorrer a guerrinhas dolorosas, a desapreços que machucam, a ciuminhos ridículos e injustiças insuportáveis? Os nomes podem ser diferentes, mas o sobrenome é um só e idêntico. É o sobrenome do nosso pai, da nossa mãe e da nossa família. Da nossa querida família.

79
Céu e inferno

Havia um homem rico que se vestia com roupas de púrpura e linho finíssimo. Todos os dias, ele dava esplêndidos banquetes. Um pobre, de nome Lázaro, coberto de feridas, ficava deitado junto ao portão do rico. Desejava tanto matar a fome com o que caía da mesa do rico. Em vez disso, eram os cães que vinham lamber-lhe as feridas (Lc 16,19-21).

Na Parábola do Pobre Lázaro e do Rico Epulão há referências sobre o céu e sobre o inferno, de uma forma plástica e teatral. O pobre Lázaro lá em cima, nos braços de Abraão, gozando de uma grande felicidade, sem sofrimentos, sem lágrimas, sem fome, no céu. Lá embaixo, o rico epulão, que vivera à tripa forra, em festas e banquetes, comendo do bom e do melhor e bebendo finos vinhos, gemendo e pedindo uma gota de água, uma mísera gota de água, no inferno. Este quadro é muito eloquente.

Jesus deixa claro que existe um céu e um inferno. Um céu de delícias e um inferno de tormentos. No juízo final (cf. Mt 25,31-46), o céu será o destino dos bons: "Vinde, abençoados por meu Pai! Tomai posse do Reino preparado para vós desde a criação do mundo!", e o inferno dos condenados: "Afastai-vos de mim, malditos, para o fogo eterno, preparado para o diabo e seus anjos!"

O inferno, infelizmente, existe e não está vazio, ensinava um velho sacerdote. Não sabemos quem está lá, mas entendemos que há pessoas que não se preparam para viver no céu. São demônios que viveram como demônios, espalharam a tristeza e criaram, em vida, o inferno para os outros.

Não reconheceram a Deus, lutaram, concretamente, contra o Reino dos Céus e se fizeram deuses, deuses cruéis dos outros. Aceitaram e fizeram a desgraça dos outros como natural e, sem sensibilidade, foram seus causadores. Violaram o amor, mataram o amor, não tiveram sentimentos de amor.

Não viveram, como Jesus, para os pobres, doentes e pecadores. Colocaram suas esperanças no poder que manipularam cruelmente por egoísmo para as próprias satisfações. Comeram e se banquetearam "com roupas de púrpura e linho finíssimo". Acreditaram apenas no poder das riquezas materiais e colocaram seu coração em bens que os ladrões roubam e as traças corroem. Quando a morte chegou, encontrou-os com o bolso cheio de dinheiro e o coração vazio e endurecido, sem lugar para a misericórdia de Deus, de Abraão e dos pobres Lázaros.

Ao morrerem, não serão chorados e Deus, devemos infelizmente confessar, mesmo tendo querido, não foi bem-sucedido em suas vidas. No inferno, viverão olhando para o céu, sem conseguir chegar a ele, porque ao céu só se chega pelo amor aos irmãos, aos leprosos e excluídos, e no inferno não há irmãos. Só há ódio e inimigos.

Mas existe um céu, o céu prometido e pregado por Jesus, onde existe um Pai que ama seus filhos e muita festa. Quem é filho deste Pai e quem segue os princípios evangélicos terminará no céu, na Casa de Deus. Não somos nós, da Igreja, que o prometemos. O céu é promessa e garantia de Jesus.

E o caminho para o céu é o caminho do Evangelho. Jesus promete: "Quem me testemunhar diante dos homens, eu o testemunharei diante do Pai". "Quem me segue não andará nas trevas". "As palavras que tenho são palavras de vida eterna". Bem-aventurados serão os que estiveram, em vida, com Jesus no Monte das Bem-Aventuranças e no Monte Calvário. "Quem me amar será amado por meu Pai". "Meu Pai e eu viremos a ele e nele faremos a nossa morada".

Só podemos, na fé, dizer duas coisas: Há um céu e irão para o céu os que são de Cristo e, como Cristo, amaram seus irmãos, os pobres, os doentes e os pecadores. E existe um inferno, e para ele irão os que não viveram como filhos de Deus e não foram irmãos de seus irmãos.

A festa do céu é preparada aqui, nesta vida. A tristeza do inferno, também.

Façamos do amor a experiência da vida, porque no céu só experimentaremos amor, só amor, a plenitude do amor. Não vivamos como demônios, porque o inferno será a experiência mais frustrante de uma vida sem Deus, sem Cristo e sem irmãos.

80
Quem se salvará

Dois homens subiram ao templo para orar; um era fariseu e o outro, um cobrador de impostos. O fariseu rezava de pé. O cobrador de impostos, parado a distância, nem se atrevia a levantar os olhos para o céu (Lc 18,10-11.13).

Os dois, o fariseu e o publicano, eram religiosos, eram homens de religião ou de Igreja. Mas a religião de ambos não era a mesma. O primeiro, o fariseu, rezava olhando para si. O segundo, o publicano, orava olhando para Deus. O fariseu, de pé, de braços abertos, se achava o tal. O publicano, no fundo da igreja, se confessava apenas um pecador. Em sua arrogância, o primeiro proclamava os atos de religião que fazia: rezava, jejuava e dava esmolas. Sua religião era teatral e ostentatória. O segundo, em seu acanhamento e humildade, nem ousava levantar os olhos e se mostrava despojado e quase sem graça. Não sabia fazer grandes orações. Apenas batia no peito e, arrependido, confessava suas fraquezas. Jesus gostou do segundo e abominou o primeiro. Numa sentença sem retoques, afirmou que o publicano voltou justificado para casa, o fariseu, não (v. 14).

Rezar é importante. Saber rezar é mais. Rezar é, ensinam os mestres da espiritualidade, elevar o coração a Deus e não atolar-se na verborragia dos próprios méritos e no pântano das próprias vaidades. Rezar é ainda, segundo a espiritualidade, respirar Deus e não arfar penosamente nos baixios sem horizontes do próprio eu religioso. O centro e destino da oração é Deus, e não o rezador.

Depois de ouvir esta parábola de Jesus, que retrata o fariseu rezador, mas orgulhoso, e o publicano pecador, mas arrependido, alguém poderia se perguntar: Com qual dos dois mais me pareço? Com o fariseu que reza, jejua e dá esmolas, ou com o publicano que bate no peito e pede perdão? A sabedoria popular cunhou uma sentença irretorquível: "*Elogio em boca própria é vitupério*".

O importante desta parábola é o pensamento final: "Quem se eleva será humilhado e quem se humilha será elevado" (v. 14). Em poucas e simples palavras, o ensinamento desta parábola de Jesus é que ninguém se salva pelo que faz ou se justifica por suas próprias obras. Quem salva é Deus, somente Deus, mas ressalvemos, com o consentimento humano.

Não se salva, automaticamente, o católico porque vai à missa, se confessa, jejua nos dias de preceito, faz suas orações diárias e dá esmolas aos pobres. Ele não se salva por isso! Deverá, com certeza, continuar a fazer tudo isso, mas não será isso que o salvará em definitivo. Quem salva o católico é Deus!

Não se salva, pura e simplesmente, o judeu porque observa o sábado, porque participa das orações nas sinagogas, porque carrega em sua carne a pertença ao povo eleito e fiel, porque não come carne de porco, porque observa os preceitos da Lei e das leis, porque participa da promoção social da comunidade. Quem salva o judeu é Deus!

Não se salva, sem mais, o protestante porque lê a Bíblia, porque não "adora" imagens, porque entrega o dízimo de tudo quanto ganha ao pastor, porque participa regularmente dos cultos de sua congregação. Quem salva o protestante, o crente, o evangélico é Deus!

É isso que Jesus quer ensinar. Não adianta fazer isso ou aquilo, que temos que fazer. Não adianta postar-se diante do altar e cantar loas por nossos comportamentos religiosos. "Quem se eleva será humilhado! Quem se humilha será exaltado"! (v. 14b). A exaltação que nós buscamos é a que vem da boca de Deus e não da nossa própria boca ou da boca dos outros. A não ser isso verdade, nós é que nos salvaríamos, e não Jesus. Mas o princípio básico de nossa religião é este: Não nos foi dado outro salvador que Cristo Jesus, o Senhor!

81
Respirar Deus

Amanhã estarei de pé no alto da colina com a vara de Deus na mão. [...] Enquanto mantinha a mão levantada, Israel vencia; quando Moisés abaixava a mão, vencia Amalec (Ex 17,9.11).

Os evangelhos não são essencialmente um tratado sobre a oração, mas mostram Jesus rezando frequentemente e sua oração foi até acompanhada de suor e sangue no Horto das Oliveiras, na noite da traição, quando pediu ao Pai que afastasse dele o cálice do sofrimento e da morte. Se os evangelhos não apresentam Jesus como um grande rezador, reportam, no entanto, que Ele "se retirava para lugares desertos e se entregava à oração" (Lc 5,16; Mc 6,46) e "passava toda a noite em oração a Deus" (Lc 6,12). Vale destacar que "enquanto rezava, na cena da transfiguração, seu rosto mudou de aparência" (Lc 9,29).

O quadro de Moisés rezando no monte, enquanto os israelitas lutavam na planície, é simbólico e eloquente sobre o poder da oração. Enquanto ele rezava, Israel vencia, quando cansado deixava de rezar, os amalecitas recobravam terreno. A lição parece ser: não se vence apenas com o poder das armas. A oração é uma arma poderosa. Por isso, a recomendação de Jesus: Rezai sempre! Pedi e recebereis. Buscai e achareis! Batei e vos abrirão! (cf. Mt 7,7).

Mas rezar nem sempre é um exercício prazeroso. Há o cansaço e até o tédio da piedade. Há momentos em que rezar é um peso. Isso pode ocorrer quando a oração parece não ser atendida, quando o silêncio de Deus nos envolve nas trevas da solidão. Diante do sacrário, acontece que só vemos uma portinha fria e impenetrável. Assalta-nos, então, a vontade de desanimar. Que fazer, então? Os mestres da espiritualidade aconselham a não desanimar nestes momentos. Deus parece distante, se esquiva, brinca de esconde-esconde com o orante, mas quer ser vencido pela insistência de continuar rezando.

A outra tentação que pode ocorrer para quem reza é o de pensar e querer que a oração seja onipotente. Há os que proclamam: "Rezei e consegui! Deus me escutou! A oração tudo pode". A oração não é uma arma apontada para o coração de Deus. Onipotente não é a oração que fazemos, mas Deus. É verdade que não podemos, como Moisés, abaixar os braços, mas a vitória é garantida pelo Senhor de todas as vitórias.

Em nossas igrejas há muita gente rezando com armas nas mãos. Reza-se contra os bandidos e os inimigos, uma Igreja reza contra a outra. Esta oração é inútil, errônea e de pouca valia. É uma triste oração. Deus, certamente, não a escutará. A oração tem que ser feita com pureza de intenção, para a glória de Deus e não contra os outros. Mãos que rezam não têm armas. A nossa arma é, pura e simplesmente, a oração.

82
Fim do casamento

Nesta vida as pessoas casam-se e se dão em casamento. Os que forem considerados dignos, porém, de ter parte na outra vida e na ressurreição dos mortos, não se casam nem se dão em casamento (Lc 20,34-35).

Há a historinha jocosa e, ao mesmo tempo, consoladora daquela mulher que chegou ao céu e, ao encontrar-se com seu marido, abriu os braços e um largo sorriso, e anunciou: "Querido, cheguei!" Ao que o marido, que estava rodeado de anjos e pessoas maravilhosas, lhe disse: "Que bom, mas vai circulando e lembre-se que lhe prometi amor e fidelidade somente até que a morte nos separasse".

Os saduceus, que não acreditavam na ressurreição dos mortos e na existência do céu, ensaiaram colocar Jesus numa entaladela, e lhe propuseram o caso daquela mulher que tinha se casado com sete irmãos. E quiseram saber de quem ela seria, no céu, finalmente mulher, pois todos eles a tinham desposado em vida.

Jesus desmonta o dilema, afirmando que no céu não há casamento, porque "Deus não é Deus dos mortos, mas dos vivos, uma vez que para Ele todos vivem" (v. 38). Em outras palavras: Os casados vivem para Deus! Momentaneamente vivem um para o outro, mas já vivem, como casados, para Deus. Terminada a experiência do casamento, e quando estiverem na Casa de Deus, já não mais haverá casamento. Deus será tudo em todos e para todos.

O casamento, neste mundo, é a tentativa de reconquistar e reviver o paraíso perdido. Mas para os casados, quando estiverem, em definitivo, no paraíso, terminará a tentativa e o paraíso será a recompensa do Deus dos vivos para os que tentaram, em vida, recriar, mesmo que a duras penas, o paraíso sonhado e perdido.

Há pessoas que se perguntam se, no céu, reconhecerão o marido, a esposa e os filhos que tiveram e com os quais viveram aqui. É lógico que sim. Mas sem os limites que o tempo lhes impôs e sem as limitações que, aqui, tiveram e viveram. Lá, uma mulher não será de um homem e um homem não será de uma mulher, o que seria prolongar os limites da vida terrena. Lá Deus será tudo em todos e ninguém mais terá necessidade de uma mulher ou de um homem para tentar recriar o paraíso perdido e ser feliz.

83
Fim do mundo

Jesus, então, respondeu: "Cuidado para não vos deixardes enganar, porque muitos virão em meu nome e dirão: 'Sou eu', e 'o tempo está próximo'. Não os sigais. Quando ouvirdes falar de guerras e revoluções, não vos assusteis. É preciso que primeiro estas coisas aconteçam, mas não virá logo o fim. [...] Não se perderá um só cabelo da vossa cabeça. Pela vossa perseverança salvareis vossas vidas" (Lc 21,8-9.18-19).

Em 1999, uma senhora, de boa idade (vamos chamá-la de Dona Clarinha!), tumultuou, numa terça-feira, o terraço do Convento de Santo Antônio, no Largo da Carioca, da cidade do Rio de Janeiro, anunciando, em altos brados e incontida veemência, o fim do mundo, que aconteceria, segundo ela, no máximo, até a festa da Páscoa do ano 2000.

Dizia, com todas as letras e sem piedade, que o mundo estava perdido e alegava que todos os sinais apontados por Cristo nos evangelhos estavam ocorrendo e que, por isso, o fim era certo. Não adiantou dizer-lhe que o próprio Cristo confessou não saber quando o fim aconteceria. Jesus não o sabia, mas Dona Clarinha não tinha dúvidas. O mundo terminaria antes da Páscoa do ano 2000. Muito provavelmente Dona Clarinha já deve ter morrido. O mundo acabou para ela. Felizmente não acabou para nós. Aliás, o mundo acabou e não acabou.

O mundo sempre acaba na falta de caráter das pessoas, nas ambições desmedidas dos gulosos materiais, na libido irrefreada dos políticos, na corrupção da vida pública, nas guerras irracionais dos tiranos, na violência dos bandidos, no desamor, no desrespeito, no desprezo das pessoas umas pelas outras. O mundo sempre termina quando morre a confiança entre pais e filhos, entre patrões e empregados, entre fiéis e seus ministros, nas igrejas. Nestes casos, termina o mundo e começa o inferno.

Mas o mundo não termina onde as pessoas rezam, fazem o bem, louvam a Deus e defendem a justiça, o direito e a fraternidade. Nestes casos, o mundo se torna Reino de Deus, e sobre ele não choverá fogo e enxofre. Pelo contrário, estarão sendo plantadas as sementes do Evangelho e se perpetuando as promessas de Deus.

Não tenhamos medo! O mundo, para nossa tristeza, só acabará se não soubermos cuidar bem dele, aquecendo a terra e destruindo a vida. Mas a vida continuará sempre que amarmos a Deus sobre todas as coisas e ao próximo como a nós mesmos. Se isso acontecer, Dona Clarinha poderá ficar tranquila, em casa, tomando seu chá com biscoitos, sem tumultuar o terraço do Convento de Santo Antônio, no Largo da Carioca. E nós, de coração e penhorados, muito lhe agradeceríamos.

84
Sermão da Montanha

Ao ver aquela multidão, Jesus subiu ao monte. Quando se sentou, os discípulos se aproximaram dele. Jesus tomou a palavra e começou a ensinar: "Felizes os que têm espírito de pobre, porque deles é o Reino dos Céus" (Mt 5,1-3).

O Sermão da Montanha condensa, na composição do evangelista, o modo de pensar de Jesus. Nele está a filosofia de sua vida. Ao ler o Sermão da Montanha, podemos dizer: "Esse, assim era Jesus". Por isso, o Sermão da Montanha foi chamado de "o Evangelho dos evangelhos".

Nos evangelhos há dois grandes discursos de Jesus: Este, do Sermão da Montanha, e o "Sermão Sacerdotal", por ocasião da última ceia. No Sermão Sacerdotal, Jesus deixa um testamento, são suas últimas palavras, repassadas de emoção. "Desejei ardentemente comer convosco esta ceia" (Lc 22,15). Nele, Ele fala para aqueles que já eram seus. Mostra-lhes o seu coração. Responde à pergunta que os apóstolos se faziam: "Qual é a tua última recomendação? Se partires, que será de nós?"

E Jesus lhes diz: "Amai-vos uns aos outros assim como eu vos amei!" (Jo 15,12).

No Sermão da Montanha, Jesus está começando sua vida de pregador. Ainda é olhado a distância. Ainda é uma incógnita. Ele fala, então, para aqueles que já o olhavam com admiração e surpresa e que estavam, em princípio, dispostos a segui-lo. Apresentou-lhes sua filosofia de vida, seu modo de entender a religião e o Reino de Deus. Ele deu ao povo uma resposta à grande pergunta que todos se faziam: "O que tens a nos dizer?" Se na última ceia Ele lavou os pés de seus discípulos e lhes deu o seu Corpo e Sangue, ou seja, a sua própria vida, no Sermão da Montanha Ele pediu ao povo que cresse em sua palavra, que abraçasse seu caminho com toda a vida e o seguisse.

Mas antes de pedir ao povo que o seguisse, que acreditasse no Deus que anunciaria, que purifica seu modo de rezar, de jejuar e de dar esmolas, e que aceitasse ser luz do mundo e sal da terra, Jesus afirmou que seus discípulos serão abençoados pelo céu, que serão bem-aventurados. Jesus não pediu aos seus ouvintes que pagassem o dízimo ou que dessem as costas para o mundo, mas que deixassem de odiar, que amassem e rezassem pelos inimigos, que vivessem como irmãos, que não alardeassem suas boas ações, e ensinou-lhes o Pai-nosso e pediu para que reconhecessem a Deus como Pai misericordioso e providente, para que lutassem pela justiça sem se preocupar com o dia de amanhã, para que tivessem um coração de pobre, para que fossem mansos e humildes, para que promovessem a paz e para não temessem as perseguições. E termina com uma frase redonda e de valor perene: "Tudo que desejais que os outros vos façam, fazei-o também vós a eles. Pois esta é a Lei e os Profetas" (7,12).

No Sermão da Montanha, Jesus mostrou o caminho que leva ao céu, ensinou um novo jeito de ser religioso. Quem o escutasse e quem lhe obedecesse seria sábio e estaria construindo sua casa sobre a rocha (cf. 7,24ss.).

Para entender Jesus é preciso entender estes dois sermões: o da Montanha e o Sacerdotal. Fora deles, não há nem bem-aventuranças cristãs, nem verdadeira comunhão e seguimento verdadeiro a Ele.

85
Vida em abundância

Eu vim para que tenham vida e a tenham em abundância (Jo 10,10).

A Bíblia é um hino de exaltação à vida. No AT, a vida é obra das mãos de Deus. As mãos e a voz de Deus moldaram a vida e Deus gostou do que fez. No NT, a plenitude da vida se chama Reino dos Céus, que cresce devagarzinho, mesmo quando as pessoas dormem, e se expande para além das expectativas humanas.

No encadeamento do Evangelho de Mateus, são reportadas sete parábolas, todas referentes ao Reino. Ei-las: a do semeador que lançou sua semente, a do joio e do trigo no mesmo campo, a do grão de mostarda, pequenininho, mas potencialmente forte, a da porção de fermento na massa, a do tesouro escondido, a da pérola preciosa e a da rede de peixes, que apanha todo tipo de peixes, grandes e pequenos.

Poderíamos nos perguntar: Quais são os peixes grandes ou pequenos de nossas vidas que ajudam ou atrapalham sua plenitude? Os grandes, possivelmente, são um filho, a família, um caráter bem-formado, a honradez e a dignidade, o pão para cada dia, um amor forte e fiel e a fé. Os pequenos seriam as tristezas de ontem, as mágoas de hoje, o azedume de todos os dias e a falta de futuro e horizonte. Os grandes devem ser recolhidos e os pequenos devolvidos ao mar. Trata-se de uma questão de posicionamento correto e sábio e de sabedoria.

Seguindo o exemplo de Jesus, a pessoa é instada a dar sua vida e, para conquistá-la, a abandonar tudo, mesmo as ambições que lhe são mais caras. O próprio Jesus veio para fazer a vontade do Pai e a dar sua vida, ao ensinar: Quem procura a sua vida, há de perdê-la; e "quem perde a sua vida por amor de mim e por causa do Evangelho, há de encontrá-la" (Mc 8,35; Mt 10,39).

A paixão pela vida é a maior homenagem que o homem pode prestar a Deus, criador, salvador e "grande amigo da vida" (Sb 11,26). Santo Irineu, bispo da Igreja († 202), dizia que a glória de Deus é o homem plenamente vivo, aquele que, por sua paixão pela vida, testemunha a grandeza de seu criador.

Mas, segundo a espiritualidade de todas as grandes religiões, o homem não conquista a felicidade ou chega ao Reino de Deus, na expressão de Jesus, olhando para si mesmo, mas se descobrindo e se entregando a alguém que o encantou e prendeu com os laços da paixão. Será sempre o outro o deus que dará sentido e plenitude a uma vida.

Infelizmente, há aqueles que são do partido da morte ou dos seus demônios. Eles destroem, nas crianças, os melhores valores da vida; impedem aos jovens o ideal de viver e de ter sonhos; desrespeitam os idosos, entristecendo-os, quando eles buscam apenas um cantinho de paz para viver. Esses demônios adulteram a dignidade da vida, quando não a matam em seu nascedouro. Mostram-se insensíveis diante do clamor dos pobres, vivem da impunidade e só prezam as próprias ambições. Têm um coração empedrado e não são nem se fazem irmãos de seus semelhantes. Todos eles, e muitos outros, são do partido da morte, aliados dos demônios e uma maldição para a vida.

A eles, Jesus os cobriu de "ais" e confessou que Ele mesmo veio para os marginalizados, os desprezados, os "pobres, doentes e pecadores" (Mt 9,13) ou "para o que estava perdido" (Lc 19,10). Curou os doentes, restituiu a alegria aos tristes, defendeu os excluídos, pregou o Evangelho da vida verdadeira, com uma mensagem de fraternidade, misericórdia e amor.

Feliz a pessoa que vive plenamente a vida, que vive mergulhada nela e a cultiva com cuidado e alegria para os outros. Feliz, e mais feliz, é a pessoa que serve a vida, amando-a como uma mãe que acalenta seu filhinho ou como um jardineiro que cuida de seu jardim. O mundo precisa de pessoas assim, que protejam a vida e façam dela uma graça, um sonho de felicidade, dando um testemunho de grandeza, e não a tornando um pesadelo insuportável.

A vida, com certeza, é uma interrogação desafiadora e dolorosa. Apresenta-se como uma terra desconhecida que se oferece a seus destinatários como aventura e desafio. Este desafio pode ser estimulante, mas é, ao mesmo tempo, angustiante. Jesus nos ensinou a não temer, mas a ter fé, acreditando na Providência de Deus, que faz seu sol brilhar para justos e injustos e sua chuva irrigar as esperanças dos bons e dos pecadores.

Essencialmente, Jesus ensinou que é preciso ir a Jerusalém para enfrentar a soberba dos fariseus, opressores da vida, anunciando ao mundo que só serão felizes os que lavarem os pés de seus irmãos, e deixando o memorial de seu corpo e sangue. Os outros não são, como disse Jean-Paul Sartre, o nosso inferno, mas o endereço da vida plena, da vida em abundância que Jesus veio trazer e Ele mesmo viveu. Sem os outros e sem Deus, não seremos senão reses destinadas ao matadouro. Com os irmãos e com Deus, o paraíso perdido deixará de ser uma distante saudade para transformar-se numa possível e radiosa realidade.

86
Lutar com Deus

Quando Jacó ficou sozinho, um homem se pôs a lutar com ele até o romper da aurora. Vendo que não podia vencê-lo, atingiu-lhe a articulação da coxa de modo que o tendão da coxa de Jacó se deslocou enquanto lutava com ele. O homem disse a Jacó: "Solta-me, pois já surge a aurora". Mas Jacó respondeu: "Não te soltarei se não me abençoares". O homem lhe perguntou: "Qual é o teu nome?" "Jacó", respondeu. E ele lhe disse: "De ora em diante já não te chamarás Jacó, mas Israel, pois lutaste com Deus e com homens e venceste". E Jacó lhe pediu: "Dize-me, por favor, o teu nome". Mas ele respondeu: "Para que perguntas por meu nome?" E ali mesmo o abençoou (Gn 32,25-30).

Sob a epígrafe "combate espiritual", os velhos Mestres falam da luta que a alma ou o espírito devem travar com Deus. Jacó, no passo acima, é apenas o símbolo mais eloquente desta luta, que tem como objetivo conhecer mais intimamente Deus, ou conhecer seu rosto e nome. Mas quando a aurora ajudaria o combatente a ver o rosto de

Deus, este se afasta, se esconde, deixando Jacó manco em sua pretensão exorbitante e irrealizável.

Mas a luta é inevitável. Ninguém mergulha no mistério de Deus sem luta, sem o combate espiritual. É certo que ninguém chegará a decifrar seu mistério e a conhecer em definitivo sua natureza, mas, para ser abençoado, não poderá esquivar-se desta luta e de uma dolorosa derrota. Deus é grande ou forte demais para as pobres forças humanas. Mas sem esta tentativa de ver seu rosto, o homem se ressentirá da necessária musculatura espiritual para os voos de seus desejos.

O monge teatino Lorenzo Scúpoli (1530-1610) assim se expressou sobre o Combate Espiritual: "*A vida espiritual consiste em conhecer a infinita grandeza e bondade de Deus, junto a um grande senso de nossa própria fraqueza e tendência para o mal; em amar a Deus e nos detestarmos a nós mesmos; em nos humilharmos não somente diante dele, mas, por sua causa, também diante dos homens; em renunciar inteiramente à nossa própria vontade para fazer a sua. Consiste, finalmente, em fazer tudo somente pela glória de seu santo Nome, com um único propósito: agradar-lhe, por um único motivo: que Ele seja amado e servido por todas as suas criaturas*".

E assim continuou: "*Por isso, é necessário lutar constantemente contra si mesmo e empregar toda a força para arrancar cada inclinação viciosa, mesmo as triviais. Conse-*

quentemente, para se preparar ao combate, a pessoa deve reunir toda sua resolução e coragem. Ninguém será premiado com a coroa se não tiver combatido corajosamente. Aquele que tiver a coragem de conquistar suas paixões, controlar seus apetites e rejeitar até as mínimas moções de sua vontade, ele pratica uma ação mais meritória aos olhos de Deus do que se, sem isso, rasgasse suas carnes com as mais agudas disciplinas, jejuasse com maior austeridade do que os Padres do Deserto, ou convertesse multidões de pecadores".

E conclui: *"O que Deus espera de nós é uma séria aplicação em dominar nossas paixões. Isto é mais importante do que se, com incontrolado apetite, nós lhe fizéssemos um grande serviço. Para obter-se isso, deve-se estar resolvido a uma perpétua luta contra si mesmo, começando por armar-se com as quatro armas sem as quais é impossível obter a vitória nesse combate espiritual. Essas quatro armas são: desconfiança de si mesmo, confiança em Deus, apropriado uso das faculdades do corpo e da alma e o dever da oração".*

Que conotação nos ocorre com a figura do soldado? Bravura, destemor, coragem, amor à pátria, espírito de sacrifício, treinamentos, nobreza de espírito, fidelidade, prontidão. "Sempre de armas em punho" (Ef 6,10). Só assim tornar-se-ão possíveis conquistas, vitória, heroicidade, capacidade de renúncias e sacrifícios. Como consequências, o soldado primará pela vigilância, suportará ferimentos, e até a própria morte.

É isto que se espera dos soldados de Cristo, daqueles para os quais "é luta a vida do homem sobre a terra" (Jó 7,1). Espera-se caráter, nobreza, grande aspiração, disposição espiritual e anímica. Não se pode imaginar um soldado acovardado, medroso, fujão, queixoso, revoltado, infiel, mesquinho, interesseiro.

São Paulo, em suas cartas, recomenda que os cristãos, os fiéis a Cristo, "se revistam com a couraça da fé e da caridade e com o capacete da esperança" (1Ts 5,8). Em Efésios, ele diz: "Revesti-vos da armadura de Deus para poderdes resistir às insídias do diabo. Nossa luta não é contra forças humanas, mas contra os principados, contra as potestades, contra as dominações deste mundo tenebroso, contra os maus espíritos dos ares. Tomai, pois, a armadura de Deus, para que possais resistir no dia mau e, vitoriosos em tudo, vos mantenhais inabaláveis. Ficai alertas, cingidos com a verdade, o corpo revestido com a couraça da justiça e os pés calçados, prontos para anunciar o Evangelho em paz. Empunhai a todo o momento o escudo da fé, com o que podereis inutilizar os dardos inflamados do maligno. Tomai, enfim, o capacete da salvação e a espada do espírito, que é a palavra de Deus. Vivei em oração e em súplicas. Rezai em todo tempo no Espírito. Guardai uma vigilância contínua na oração e intercedei por todos os santos" (6,11-18).

Os monges do deserto chegaram a fazer da luta contra os demônios um dos pontos mais característicos de sua espiritualidade. Iam ao deserto, viviam em túmulos ou cavernas e se comprazia mem lutar com o diabo, numa luta corporal sem quartel, pois diziam que, enquanto lutavam com os demônios, mantinham-nos ocupados consigo mesmos e assim livravam os fiéis das cidades das tentações.

O empenho que se pede dos que buscam a perfeição espiritual é exigida aos que se entregam às múltiplas tarefas da sociedade: médicos, advogados, terapeutas, cozinheiros, padeiros, vigilantes, lixeiros, parteiras, padres e pastores, todos. Em nome da competência profissional, cobram-se deles uma luta estressante de sacrifícios sem conta, porque Deus o merece e porque, pela luta, os combatentes serão abençoados ao romper da aurora. A estes, Deus lhes dará um novo nome.

87
Dois símbolos cristãos

Jesus ainda fez muitos outros sinais na presença dos discípulos, mas não foram escritos neste livro. Estes foram escritos para que creiais que Jesus é o Cristo, o Filho de Deus, e para que, crendo, tenhais a vida em seu nome (Jo 20,30-31).

O Evangelho de São João termina com as palavras: "Para que, crendo, tenhais a vida em seu nome". Segundo os estudiosos, o capítulo 21, que narra a ascensão de Jesus ao céu, foi escrito posteriormente, mas João termina, de fato, seu Evangelho com este objetivo maior: fazer com que os seguidores de Jesus acreditassem que Ele é o Cristo, o Filho de Deus.

Na religião cristã, temos dois símbolos de igual importância, que são o centro de nossa fé. A cruz e a luz, ou o círio pascal. Na cruz, revelou-se o poder transbordante, apaixonante e louco do amor de Deus por nós. E no círio pascal, revelou-se o poder onipotente de Deus sobre o pecado e sobre a morte. No primeiro, canta-se o amor; no segundo, proclama-se e canta-se a vitória.

Não pode haver religião cristã sem estes dois símbolos: a cruz e a luz. Infelizmente, há segmentos do cristianismo que não sabem bem o que fazer com a cruz de Cristo e muitos cristãos não dão um significado definitivo e transformador à noite da Páscoa. Sem um e outro, vã será a nossa fé e vãs serão as nossas tentativas de seguir Jesus.

Por isso, reafirmo como São Paulo: uma Igreja que não se vangloria da cruz de Cristo não é a Igreja de Jesus, não é verdadeira. E uma Igreja que não está iluminada com as luzes da Páscoa, também não o é. Jesus nos salvou pelo sangue de sua cruz e Cristo nos garantiu a vida eterna com a sua ressurreição.

A verdadeira Igreja de Jesus Cristo tem estes dois símbolos como centro da celebração de sua fé: a cruz e a luz. Tudo o mais é decorrência, é apêndice, pode ser importante, mas não é essencial, não é fundamental, não é o coração da fé cristã.

Querem fazer penitência? É bom que o façam. Querem rezar o terço? É bom que o rezem. Querem pagar o dízimo? Por que não? É bom que o ofereçam. Querem reverenciar os santos? Por que não? Eles foram heroicos amigos de Deus e continuam exemplo para nossas vidas. Mas nada disso salva nem garante a nossa páscoa na morte e a recompensa de Deus.

Quem garante, e somente garante, é o amor de Jesus na cruz e é a luz da ressurreição de Cristo pela mão onipotente de Deus. É por causa da cruz e da luz que nós rezamos, cantamos e fazemos festa.

88
Jesus humano

Jesus se comoveu profundamente (Jo 33). Jesus, cansado, dormiu (Mt 8,24). Jesus se impacientou (cf. Mt 17,17). Jesus criticou (cf. Mt 11,16; 12,19; 15,3). Jesus se mostrou terno (cf. Mt 19,14; Mc 10,13). Jesus se fez violento (cf. Mt 21,12). Jesus condenou (cf. Mt 23,13ss.; Mc 7,6; Lc 11,40ss.). Jesus rejeitou (cf. Mc 6,4). Jesus gritou (Mc 15,37; Mt 27,46). Jesus alertou (cf. Mt 7,15). Jesus se aborreceu (Mc 10,14). Jesus crescia em sabedoria, idade e graça (Lc 2,52). Jesus foi embora (Lc 4,30). Jesus era amigo dos pecadores (cf. Lc 5,12). Jesus elogiou (cf. Lc 7,24). Jesus repreendeu (cf. Lc 9,55). Jesus radicalizou (cf. Lc 12,33). Jesus silenciou (cf. Jo 19,9). Jesus fez um ato de fé e morreu (cf. Jo 19,30).

Comecei este livro falando de Jesus. Quero terminá-lo da mesma forma, com mais duas reflexões sobre sua pessoa e mistério, pois Ele é o fulcro, a pedra angular sobre a qual se assenta e apoia nossa fé, a nossa vida religiosa e os nossos esforços evangelizadores. Se Cristo não ressuscitou de fato, vencendo o pecado e a morte, bem afirmou São Paulo, tudo será em vão. Vã será nossa fé e a existência da Igreja não passará de uma farsa e de um piedoso ópio de diversão.

Jesus é tão importante que é o centro gravitacional da nossa fé. Como Ele mesmo se definiu, "Eu sou o Caminho, a Verdade e a Vida" (cf. Jo 14,6), da nossa vida. Por isso, não podemos fugir de uma reflexão sobre sua pessoa humana.

Ele assumiu a natureza humana com todas as suas consequências, menos o pecado. Isto quer dizer que Jesus se cansava, quando trabalhava, e tinha, por isso, que repousar e dormir, como o fez no fundo da barca de Simão Pedro; alegrava-se, divertia-se, ia a banquetes e casamentos, comia e bebia, trabalhava e sentia calor, chorava, quando se emocionava, era capaz de admiração diante da fé das pessoas, era terno com os sofredores e sensível aos cuidados pródigos das mulheres, como na casa de Marta e Maria e curando a sogra de Pedro.

Além disso, censurava a pouca fé das pessoas e as investidas intempestivas de Pedro que, segundo suas palavras, "não pensava como Deus, mas como os homens"; achava ridículo o comportamento dos apóstolos, quando estes pretendiam ocupar os primeiros lugares em seu Reino, perdoava os pecadores, como só Deus podia perdoar, e vergastava os vendilhões do templo, que desrespeitavam a Casa de Deus; conversava afavelmente com uma mulher, como o fez com a samaritana, junto ao Poço de Jacó, pedindo que lhe servisse um pouco de água, reclamava da cabeça dura dos fariseus, da insolência dos mestres da lei, que amarravam cargas pesadas nos ombros do povo, tão pesadas que nem eles conseguiam carregar; lavava, humildemente, os pés de seus amigos e se enternecia diante da dor das irmãs de Lázaro que choravam sua morte. Poderíamos alongar esta lista que deixa evidente o lado humano de Jesus.

Pois foi esse Jesus humano que foi levado pelo Espírito ao deserto, onde viveu entre animais selvagens, sentiu fome e foi, posteriormente, servido pelos anjos. Ali, no deserto, onde a pessoa humana tem um único espectador, que é Deus, Jesus foi tentado com as três célebres tentações que a espiritualidade destaca e que são próprias a todos os seres humanos: a tentação do pão ou do prazer: "Se és o Filho de Deus, disse-lhe o tentador, manda que estas pedras se transformem em pão"; a do orgulho ou da vaidade: "Se és o Filho de Deus, lança-te daqui (da cumeeira do templo) para baixo"; e a tentação mais séria: a do poder, a tentação que causou a expulsão dos nossos primeiros pais do paraíso. O tentador lhe mostrou todos os reinos deste mundo e prometeu a Jesus que lhos daria se Ele, prostrando-se, o adorasse.

O Evangelho de Mateus, assim como de Marcos, diz que, ao final, os anjos o serviram, isto é, se colocaram ao seu lado, porque Ele ficou e estava ao lado de Deus, contra o tentador. Serviram-lhe pão e encheram seu coração de paz. O tentador, então, o deixou "para voltar em tempo oportuno" para mais tentações. Em outras palavras, Jesus venceu as três tentações, mas não se livrou do tentador. Ele voltará na voz dos endemoninhados, dos inimigos, dos amigos que o querem preservar de fazer a vontade de Deus que será dolorosa e não poupará seu Filho da dor e da cruz. Vemos, em tudo isso, a humanidade de Jesus.

Os seguidores de Jesus também serão tentados, mas não podem ceder às tentações do maligno, se quiserem que os anjos os sirvam de pão e de paz. Deus está, como esteve ao lado de Jesus, ao lado de seus filhos, como espectador silencioso e interessado, dando-lhes suas graças, para que não caiam nas cantilenas do tentador. Os anjos estarão esvoaçando, sem que eles o percebam, ao seu derredor, para protegê-los.

É importante encher-se de Deus, respirar Deus, para responder com coragem e determinação aos sussurros da Serpente. Caso contrário, os seguidores de Jesus tornar-se-ão vítimas e serão derrotados. Não Deus, mas o tentador, então, acabará vencendo. Como disse Santo Ambrósio de Santo Antão: "Deus quer ser vitorioso em nós, Deus quer ter sucesso em nossa vida". E Ele o terá, se não nos deixarmos contagiar pelas insinuações do tentador, mas o rechaçarmos, como Jesus, em nome de nosso Deus e Senhor.

89
O intrigante Jesus

Quem as pessoas dizem que é o Filho do Homem? (Mt 16,13).

Para quem é cristão, nada mais fácil – e que alegria! – do que falar sobre Jesus. Seria como falar sobre nossa respiração, ou sobre a comida que mais nos apetece, ou sobre o caminho que fazemos todos os dias de nossa casa ao local do nosso trabalho. Conhecemos de cor o caminho e a paisagem, distinguimos pelo cheirinho, mesmo que à distância, o prato que nos dá prazer, e sabemos, por experiência, como é bom respirar, a largos sorvos, desimpedidamente, um ar limpo, não poluído. Assim é Jesus para todos nós. É a nossa respiração espiritual mais profunda, o alimento imprescindível do nosso espírito, nossa fonte de origem e o caminho que nos leva ao nosso destino. Santo Agostinho dizia: Ele é a vida da nossa vida.

Por outro lado, nada mais difícil. Por mais que estejamos familiarizados com Ele, seu mistério ser-nos-á sempre intrigante: "Que dizem os homens que eu sou?" A integridade de seu mistério nos será sempre incômoda: "Não quereis vós também ir?" Sua pessoa sempre nos interrogará, deixando-nos à deriva, surpresos, sem respostas prontas e cabais. Sua natureza, ao mesmo tempo, humana e divina, coloca-nos ou de joelhos, para adorá-lo, ou estatelados, na dúvida e até tentados pela negação.

Na velha Igreja de São Clemente de Roma há uma imagem quase apagada do Bom Pastor. Os traços já perderam sua nitidez, mas a imagem parece convidar-nos a completá-la. Fiquei parado muitas vezes, em contemplação, diante dela. Tinha a impressão que eu deveria completar o Cristo da fé e da história. Como teria sido Jesus, o filho de Maria, o rabino pregador, o "homem das dores", o fundador da Igreja, o homem mais importante de toda a história humana? Aliás, e graças a Deus, de Jesus não temos fotografias. Dá para imaginá-lo, mas não dá para saber, fisicamente, como era. Ao falar dele, cada crente o pinta à sua imagem e o adora diferentemente com as tintas de sua fé e convicções espirituais. Ele é intrigante e interrogante. Sua pergunta continua viva e atual: "Quem as pessoas dizem ser o Filho do Homem?"

Mais do que falar sobre Ele, devamos talvez apenas rezá-lo e fazer dele a nossa oração. Mais do que olhar para Ele, o ideal seria mergulhar em seu mistério, para deixar-nos cativar e fascinar por sua pessoa. Numa palavra que a Tradição consagrou, Cristo é, para nós, o

Ontem, o Hoje, o Sempre. Dizer mais é quase impossível. Admitir menos seria adulterar nossa fé e deturpar o seu perfil.

Uma palavra oportuna aos pregadores. Segundo o Papa Francisco, pregadores que rezam pouco e que se ajoelham pouco diante de Cristo podem falar muito e bonito, mas seus ouvintes não sentirão a paixão que deles esperam. Jesus não é um discurso nem um livro. É uma vida e um casamento. Para amar a Cristo é preciso casar com Ele, amá-lo de dia e de noite, admirá-lo como pastor do povo e como Cordeiro imolado para a salvação do mundo. Em outras palavras, Jesus está no púlpito, mas está também na cruz e no sacrário. Ou o abraçamos com a palavra e com o coração, na oração e na contemplação diuturna, ou seremos apenas doutores da lei, mascates do Evangelho, o que será muito pouco para uma fé verdadeira e na relação por quem deu sua vida por nós.

90
Oração final

Minha mãe me ensinou uma pequena oração, curta mas completa, que costumo rezar ao dormir, ao acordar, ao rezar uma missa, ao sair para a rua, antes de dar uma aula, ao comer, ao atender uma pessoa e ao ter que fazer um negócio ou um pagamento. Em outras palavras, sempre! Esta é a oração da minha vida. Não é uma oração litúrgica, mas é absolutamente teológica e espiritual. Ela concentra o que quererei rezar a um passo da morte. Ela não só será a oração final da minha vida, como é a que faço ao encerrar este livro.

Jesus, para Vós eu vivo!
Jesus, para Vós eu morro!
Jesus, vosso sou na vida e na morte. Amém!

Posfácio

Quando o jornalista e, então, presidente da Academia Brasileira de Letras, Luiz Paulo Horta (1943-2013), me convidou para uma palestra, que incluiria um público eclético de intelectuais, literatos e povo de Igreja, e me perguntou sobre o que gostaria de falar, respondi-lhe, sem pestanejar, que poderia anunciar, como tema: AS TRÊS PALAVRAS DE DEUS. Depois comecei a matutar sobre quais três palavras. Poderiam, entre muitas e outras, ser "Jesus", a melhor e eterna palavra de Deus; poderia ser "Não temais", um refrão que cobre, com frequência, os dois testamentos; poderia ser as palavras de Deus no dia do juízo final: "Vinde, benditos do meu Pai! Afastai-vos de mim, malditos!"; e poderiam ser tantas outras, de maior significado para o povo fiel e que fossem mais diretamente reveladoras do mistério e da natureza de Deus.

Posteriormente, apelei por um expediente literário semítico, do qual escritores sagrados costumavam se valer, ao dizerem, por exemplo: "Meu filho, os dois conselhos de teu pai são... três". Assim, as três palavras de Deus, na figura semita, para mim, seriam... uma.

Primeira palavra de Deus: amor

Deus é amor, somente amor, não pode ser outra coisa que amor. Suas entranhas são de amor. Deus está cheio e transborda de amor. E o homem, sendo "à imagem e semelhança de Deus", foi feito por amor, com amor e tem como jeito e destino amar. Ao amar, a pessoa se torna parecida com Deus. Não amando, deforma sua própria imagem e adultera sua identidade original.

Quando Deus criou o universo, viu que tudo era bom, muito bom. Tudo tinha a sua cara, tudo era fruto do seu amor, era criatura de suas entranhas.

Mas nossos primeiros pais pecaram, não quiseram ser apenas imagens de Deus; quiseram ser como Ele, apropriando-se do conhecimento da árvore do bem e do mal. Em continuidade, eles des-amaram, em desobediência a Deus, e optaram por se autoamar, amando suas ambições com as conhecidas funestas consequências.

Ao amar, quem ama não procura ser igual à pessoa amada, nem mais nem menos do que ela, mas apenas em ser para ela. É assim que quem ama confessa: "Sou teu. Te amo!"

Ao amar, Deus não quis se impor a suas criaturas, mas quis ser com elas para elas, como elas eram. Deus não se apresentou como definição para elas, mas apenas as amou. Passeava com elas pelo paraíso. Chamava-as pelo nome. Era delas. Adão e Eva não entenderam a natureza do amor e desejaram ser independentes de Deus. Daí, o pecado e a ex-comunhão.

Mas Deus não perdeu a sua natureza de amor. Continuou amando as suas criaturas e sempre correu atrás delas, oferecendo-lhes seu amor. Principalmente pelos profetas, mas por todos os que faziam sua vontade, amando os pobres, os doentes e os pecadores.

A Bíblia é um livro de amor, o grande livro do amor de Deus, que cuida de seu povo, e o grande livro da experiência de Deus, como amor e idolatria, feita pelo povo fiel ou pelo resto de Israel.

Mas não dá somente para amar a Deus a quem não vemos. Nosso amor a Deus tem uma contraprova em nossas relações com os outros, porque os outros são criaturas amadas por Ele. Ao não amar os outros, a quem vemos, estamos mentindo em nossa confissão de amor a Deus. Não adianta estar próximo do altar com ofertas nas mãos para Deus, é preciso também estar na casa dos irmãos sem ódio, prontos para o perdão. O amor a Deus e o amor aos irmãos, como dissemos alhures, são os dois eixos sobre os quais se apoia e se estabiliza a carroça da nossa consagração espiritual.

Aqui me lembro do filme *Lutero,* quando o fundador do Protestantismo explica a seus filhos por que o pai do Filho Pródigo correu para abraçá-lo. O filho ainda podia ter dúvidas do amor de seu pai e estar com medo de voltar para a casa donde saíra de forma tão cruel para seu pai. Daí, este, quando o viu, correu em sua direção, porque temia que seu filho ainda pudesse ser vencido pela dúvida e voltar para o chiqueiro dos porcos. Assim é nosso Deus. Não importa o que fazemos. Ele sempre correrá atrás de nós para abraçar-nos com amor, fazendo festa e colocando um anel em nosso dedo e sandálias novas em nossos pés feridos.

Segunda palavra de Deus: amor

A felicidade, segundo a Filosofia Escolástica, é sentida quando a pessoa repousa no bem ou no objeto de suas buscas de amor. Quem ama ou repousa no amor é feliz. Assim é Deus. Por ser só amor, a vida intratrinitária é felicidade pura e completa. Deus é plenamente feliz porque ama plenamente!

Mas quem é feliz quer ver todo mundo feliz. O amor, segundo outro princípio escolástico, *est difusivum sui* (é transbordante de si mesmo). Por isso, Deus criou, num excesso de amor, todas as criaturas, para que todas fossem, como Ele, felizes. O paraíso é a realidade emblemática do jeito de ser feliz de Deus e da felicidade que Ele quis, desde o começo, para suas criaturas.

Mas, ao criar, Deus queria ser amado como Ele amava. Por isso, o primeiro ser criado por Deus foi Jesus. Somente Ele, fora de Deus, seria capaz de amar a Deus como Deus amava todos os seres, fora de si mesmo. Só depois de Jesus vieram as demais criaturas, também amadas por Deus, mas limitadas em sua capacidade de amar, sol e lua, águas e plantas, Adão e Eva. (Cf. neste livro: "Primeiro Jesus, depois Adão".)

Quando houve o pecado, Deus não desanimou. Continuou fazendo história com as suas criaturas. Mas os homens, não poucas vezes, lhe deram as costas. Mas Deus não deu as costas aos homens[1].

Enviou seu Filho para que ensinasse aos homens a eterna e divina lição do amor.

Como Senhor do universo, Ele veio para o que era seu, embora os seus não o receberam. Proferiram as trevas à luz, o ódio ao amor, a presunção à convivência. E Deus, que se viu frustrado em seu plano do paraíso, mais uma vez acabou "se frustrando" quando Jesus armou sua tenda entre nós.

---

1. Nossos modos de referir-se a Deus são necessariamente antropocêntricos, isto é, são formas humanas de pensar e projetar em Deus nossas pobrezas conceituais. É evidente que Deus não pode "desanimar", "se frustrar", ou "se entristecer". Essas são projeções humanas de fala, são modos humanos pobres e limitados de nos referir a Deus.

Herodes quis matá-lo em sua manjedoura. Os doutores da lei acreditaram que era mais importante a observância dos mandamentos do que o próprio mandamento do amor. E não só tentaram matá-lo, como Herodes, como o silenciaram para sempre com três pregos e uma cruz.

E pensaram que podiam ser de Deus, sem Jesus. Pensaram que podiam conquistar o paraíso com "jejuns, esmolas e orações".

Mas Jesus sentenciou: "Deus não quer sacrifícios, quer misericórdia". Deus não é banco em que as pessoas podem acumular fortunas espirituais. Ele é amor e só pelo amor dele as pessoas, com fé e na humildade, se salvam.

Frustrado em seu novo projeto, não sobrou a Deus senão os caminhos humanos. Deus quis salvar os homens por amor; os homens quiseram mais uma vez ser "como Deus". Deus propunha o caminho do amor. Os homens preferiram os caminhos da crueldade, da eliminação, do escárnio, da morte e da autojustificação. Não quiseram ser salvos. Quiseram se salvar.

Deus, então, por respeito à liberdade humana, aceitou que seu Filho fosse transformado no "homem das dores", sem forma e sem beleza, um rebotalho da plebe. E Jesus, que veio ensinar o amor de Deus pelos caminhos da Palestina, teve que ensiná-lo pelo silêncio no trono da cruz.

E do alto da cruz, em meio aos mais atrozes sofrimentos, Deus proferiu sua segunda palavra: Eu amo a humanidade.

Há a história do Louco de Nietzsche (cf. "Maus-tratos e crucificado") que corria as praças de sua cidade anunciando que Deus morreu. Quando a praça se encheu e todos consideraram que o louco tinha perdido completamente o juízo, ele anunciou: "Deus morreu de paixão pelo homem". Deus, em Jesus, morreu por amor e os homens o mataram por medo e por ódio.

Terceira palavra de Deus: amor

Esta terceira palavra tem um nome. O nosso nome. Nós somos uma palavra de amor de Deus.

Os caminhos da vida são ou podem parecer tortos, mas Deus neles escreve certo. Aliás, Deus não pode e não sabe escrever errado. Deus não erra. Seremos salvos, porque Ele é mais sábio que as linhas tortas de nossas vidas e mais forte do que o mal e o demônio.

Ele curou o surdo, que somos nós, para que possamos escutar sua palavra. Ele curou o cego, que somos nós, para que possamos ver seus caminhos. Ele curou o paralítico, que somos nós, para que possamos pular de felicidade atrás de Jesus, em busca do verdadeiro amor. Ele curou o leproso, que somos nós, para que possamos estar de banho tomado em seu banquete. Ele curou os pecadores, que somos nós, para que envérguemos a veste nupcial da graça.

Deus é amor, somente amor, não pode ser outra coisa senão Amor. Deixou dentro de nós o seu Espírito Santo, a batida de seu coração, para que amemos e, em amando, voltemos ao paraíso perdido.

O nosso destino é voltar a passear com Deus no paraíso, sendo santos como Ele é santo, sendo felizes, como Ele é feliz, sendo amor, como Ele é Amor. Amemos, por isso, e vivamos o amor, com amor, pois, onde há amor, Deus aí está!